L'appel d'offres restreint

Patrice COSSALTER
Avocat à la cour, société d'avocats Légitima

territorial éditions

Collection « L'Essentiel sur » - Réf. : BK 183 - Mai 2016

Groupe Territorial
CS 40215 - 38516 Voiron Cedex - Tél. : 04 76 65 87 17 - Fax : 04 76 05 01 63

Retrouvez tous nos ouvrages sur www.territorial-editions.fr

Vous souhaitez être informé de la prochaine actualisation de cet ouvrage ?

C'est simple !

Il vous suffit d'**envoyer un mail** nous le demandant à :

jessica.ott@territorial.fr

Au moment de la sortie de la nouvelle édition de l'ouvrage, nous vous ferons une **offre commerciale préférentielle.**

Avertissement de l'éditeur :
La lecture de cet ouvrage ne peut en aucun cas dispenser le lecteur de recourir à un professionnel du droit.

ISBN : 978-2-8186-1064-0
ISBN version numérique : 978-2-8186-1065-7
Imprimé par Reprotechnic, à Bourgoin-Jallieu (38) - Mai 2016
Dépôt légal à parution

Sommaire

Glossaire

AO :
Appel d'offres. L'appel d'offres est la procédure de droit commun de passation des marchés publics. L'appel d'offres peut être ouvert ou restreint.

AAPC :
Avis d'appel public à la concurrence. Cet avis constitue le support par lequel la collectivité, qui envisage de contracter, assure ses obligations de publicité.

BOAMP **:**
Bulletin officiel des annonces des marchés publics.

BPU :
Bordereau des prix unitaires.

CAO :
Commission d'appel d'offres. La CAO est l'organe d'une collectivité territoriale chargé d'ouvrir les candidatures et les offres et de les examiner en vue de l'attribution des marchés dans le cadre des procédures formalisées.

CCAG :
Cahier des clauses administratives générales. Les CCAG constituent des pièces contractuelles et énoncent les obligations administratives des parties contractantes. Ils sont élaborés par les personnes publiques et sont constitués de dispositions à caractère administratif et financier applicables, le cas échéant, aux prestations de tout un secteur d'activité ou de même nature.

CCAP :
Cahier des clauses administratives particulières. Ce document ajoute ou déroge au CCAG.

CCTG :
Cahier des clauses techniques générales. Les CCTG constituent des pièces contractuelles et énoncent les obligations techniques des parties contractantes. Ils sont élaborés par les personnes publiques et sont constitués de dispositions à caractère technique applicables, le cas échéant, aux prestations de tout un secteur d'activité ou de même nature.

CCTP :
Cahier des clauses techniques particulières. Ce document indique aux entreprises les moyens techniques pour atteindre l'objet du marché.

CGCT :
Code général des collectivités territoriales.

DCE :
Dossier de consultation des entreprises. Dossier transmis aux entreprises mises en concurrence.

DPGF :
Décomposition du prix global et forfaitaire.

***JAL* :**
Journal d'annonces légales.

***JOUE* :**
Journal officiel de l'Union européenne.

LRAR :
Lettre recommandée avec accusé de réception.

PRM :
Personne responsable du marché. Nous considérons que la PRM est l'exécutif d'une collectivité locale. Le terme peut aussi viser la personne désignée pour représenter l'exécutif.

PV :
Procès-verbal.

RC :
Règlement de la consultation. Document non obligatoire fixant les « règles du jeu » de la mise en concurrence.

Introduction

Pour essayer d'être le plus pratique possible, nous avons divisé la procédure d'appel d'offres restreint en neuf phases distinctes.
L'étude de ces neuf phases sera précédée d'une « phase 0 » qui s'interroge sur l'opportunité de mettre en œuvre une procédure restreinte.

La chronologie qui suit correspond au cas le plus classique. Une chronologie un peu différente peut exister selon les pratiques de chaque acheteur, ou pour les entités adjudicatrices qui, par ailleurs, ne sont jamais dans l'obligation d'utiliser la procédure d'appel d'offres, contrairement aux pouvoirs adjudicateurs.

Au delà de l'aspect pratique, des jurisprudences sont intégrées pour illustrer chaque phase. Elles concernent l'ancien Code mais sont applicables, pour celles citées, aux nouveaux textes lorsque ces derniers sont similaires.

Chronologie classique de la procédure d'appel d'offres restreint

Phase 0 : Choix de l'appel d'offres restreint
Il est nécessaire de s'interroger préalablement sur les raisons qui permettent de considérer qu'un appel d'offres restreint est la bonne solution d'achat.

Phase 1 : Définition du besoin
La définition du besoin est devenue un élément substantiel.
L'acheteur public doit obligatoirement définir son besoin de manière préalable. Il doit prendre en compte le développement durable et l'accès pour les handicapés.

Phase 2 : Dévolution des marchés
Avant de lancer la procédure, l'acheteur doit se poser la question de savoir si la mise en œuvre du besoin sera mieux effectuée par une seule entreprise (dévolution en lot unique) ou par plusieurs (dévolution en lots séparés). L'allotissement est le principe, le lot unique l'exception.

Phase 3 : Dossier de consultation des entreprises
L'acheteur public doit préparer un dossier de consultation des entreprises qui permettra la mise en concurrence. Ce dossier comprend le plus souvent un règlement de la consultation, même si ce document a disparu des textes, le projet de contrat et éventuellement des documents donnés à titre indicatif.
Des questions importantes comme celle des variantes, des documents demandés, du type de remise des offres, des critères, de leur pondération… doivent être posées.

Phase 4 : Préinformation et publicité

Pour des opérations importantes ou par stratégie, l'acheteur public peut penser à faire paraître un avis de préinformation valant « publicité préalable ». Dans les autres cas, une publicité appelée « avis d'appel public à la concurrence » ou « avis de marché » est indispensable. C'est le point de départ formel de la procédure de passation.

Phase 5 : Remise des candidatures

Comme dans toutes les procédures restreintes, il est demandé aux opérateurs économiques intéressés de se porter candidats.

Phase 6 : Sélection des candidats et mise en concurrence

Les entreprises qui se sont portées candidates sont sélectionnées. Seules les entreprises sélectionnées sont mises en concurrence.

Phase 7 : Remise et analyse des offres

Les entreprises remettent leurs offres dans les délais arrêtés par l'acheteur. En « interne » ou en faisant appel à un prestataire extérieur, l'administration analyse les offres pour permettre à la CAO de prendre les décisions qui sont les siennes.
Si l'administration est une collectivité locale, elle réunit la CAO pour classer les offres des opérateurs économiques.

Phase 8 : Mise au point du marché

L'exécutif doit mettre éventuellement au point l'offre (ce qui n'équivaut pas à une négociation).
Il doit aussi s'assurer que l'entreprise à retenir est à jour de ses obligations fiscales et sociales.

Phase 9 : Formalités après le choix

Les entreprises évincées doivent être informées. L'exécutif doit signer le marché et rendre ce dernier exécutoire (transmission et notification). La décision de signer le marché aura aussi dû être rendue exécutoire préalablement.
La procédure se termine par un avis d'attribution qui doit être publié dans le même journal que la publicité d'origine.

La chronologie que l'on vient de voir a l'avantage de « faire le dossier » avant de commencer la mise en concurrence et donc d'être certain que l'ensemble des délais sera tenu et qu'il n'y aura pas un problème quelconque. En revanche, cette solution demande du temps, surtout que la procédure d'appel d'offres restreint est plus longue que celle de l'appel d'offres ouvert.

Une solution est de « travailler en temps caché » pour réduire les délais de la procédure. Le principe est de réaliser le DCE pendant la phase candidature et de ne le finaliser qu'à la date de mise en concurrence des opérateurs économiques et donc après leur sélection.

Les phases sont alors les suivantes :
Phase 0 : Choix de l'appel d'offres restreint
Phase 1 : Dévolution des marchés (pour connaître le nombre de lots à mettre dans la publicité)
Phase 2 : Préinformation et publicité
Phase 3 : Définition du besoin
Phase 4 : Remise des candidatures
Phase 5 : Dossier de consultation des entreprises
Phase 6 : Sélection des candidats et mise en concurrence
Phase 7 : Analyse des offres
Phase 8 : Mise au point du marché
Phase 9 : Formalités après le choix

Phase 0

Choix de la procédure restreinte

L'appel d'offres restreint a plutôt « mauvaise presse ». Les administrations n'osent pas toujours l'utiliser pour des raisons plus psychologiques que juridiques. Il faut « tordre le cou » aux rumeurs qui laissent à penser que l'appel d'offres restreint permet, mieux que l'appel d'offres ouvert, « les arrangements » entre une entreprise et l'administration, voire entre entreprises.
Il faut aussi « tordre le cou » à la croyance selon laquelle l'appel d'offres ouvert serait la panacée, la procédure restreinte un pis-aller.

Bien utilisé, l'appel d'offres restreint est une procédure performante et incontestablement intéressante.

Lorsque l'administration utilise l'appel d'offres restreint pour, le hasard fait bien les choses, choisir uniquement cinq entreprises locales, il est certain que les rumeurs peuvent aller bon train. En revanche, si l'administration utilise l'appel d'offres restreint en sélectionnant cinq à dix entreprises sur tout le territoire français, la rumeur ne courra pas, à notre sens, aussi vite.

L'appel d'offres restreint doit donc retrouver toutes ses lettres de noblesse.

I • La libre concurrence et le prix

Il est vrai que théoriquement, l'appel d'offres ouvert permet une meilleure mise en concurrence que l'appel d'offres restreint. *A priori*, plus il y aura d'entreprises à remettre une offre, plus elles se battront pour obtenir le marché.

Cet inconvénient peut être en partie réduit, notamment en sélectionnant un nombre suffisant d'entreprises (entre 8 et 12) dans un appel d'offres restreint car il est nécessaire de rappeler que le nombre de 5 est le nombre minimum et non le nombre maximum d'entreprises à sélectionner.

Par ailleurs, il est nécessaire de comparer des choses comparables. Dans l'appel d'offres restreint, du fait de la sélection, seules les entreprises extrêmement compétentes dans un domaine spécialisé passent la phase de sélection. Il est évident que ces entreprises possédant le plus souvent un matériel important ainsi que du personnel qualifié ont des prix plus importants qu'une entreprise « lambda » plus généraliste n'ayant pas toujours les moyens en hommes et en matériels spécialisés.

Toutefois, si l'on regarde le coût global, le coût réel de l'ouvrage en intégrant les mémoires en réclamation, le coût des malfaçons, la durée de vie de l'ouvrage, son coût de fonctionnement..., il n'est absolument pas certain que l'appel d'offres ouvert apporte des économies à l'administration. Bien au contraire dans certains cas.

L'appel d'offres a aussi un avantage conjoncturel en période de crise où les prix sont si bas que l'on ne peut plus avoir une prestation de qualité. L'appel d'offres restreint est l'un des moyens d'enrayer cette guerre des prix qui n'a aucun vainqueur, que des perdants.

II • Le risque d'entente

L'appel d'offres restreint, peut-être plus que l'appel d'offres ouvert, permet éventuellement aux entreprises de conclure des « ententes ».

En premier lieu, lorsque ce type d'entente prohibée doit se faire, un appel d'offres ouvert ne l'empêche pas toujours. Par ailleurs, les ententes peuvent être rendues plus « difficiles » en sélectionnant suffisamment d'entreprises sur tout le territoire français, voire européen. Il est évident que si le maître de l'ouvrage choisit trois entreprises locales, les risques d'entente sont plus importants.

En second lieu, dès que l'administration a des doutes sur la libre concurrence, il lui appartient de saisir le Conseil de la concurrence afin de voir éventuellement sanctionnées les entreprises. En effet, les collectivités locales ont compétence pour saisir le juge de la concurrence au sens de l'ordonnance de 86. Force est de constater que, pour des raisons politiques, le Conseil est très rarement saisi même si, par ailleurs, les doutes sur une entente sont importants. Cet état de fait est malheureux.

En cas d'entente, la collectivité locale a deux « armes » à sa disposition :
- la saisine du Conseil de la concurrence qui pourra éventuellement infliger une sanction pécuniaire aux entreprises. Il faut noter que le Conseil de la concurrence n'a pas à rechercher la preuve certaine de l'entente. Il peut uniquement se baser sur un faisceau d'indices ;
- lorsque l'entente a été sanctionnée par le Conseil de la concurrence, l'administration peut aussi saisir le juge administratif aux fins de se voir rembourser les « surcoûts » dus à l'entente.

Il est à parier que, si l'administration saisissait plus systématiquement le Conseil de la concurrence en cas de doute, les « ententes » seraient moins nombreuses.

III • La recherche de technicité

L'appel d'offres ouvert a un inconvénient important : il ne permet pas de sélectionner les entreprises. Certes, au niveau de la « première enveloppe », l'administration peut éventuellement évincer une entreprise qui n'a pas la capacité technique et (ou) financière pour remettre une offre. Il ne s'agit toutefois pas d'une sélection, mais d'une simple éviction des entreprises « incapables », au sens technique ou financier.

Au contraire, l'appel d'offres restreint permet de sélectionner les meilleures entreprises. L'administration est certaine d'obtenir une offre d'une entreprise connaissant bien le domaine qui fait l'objet du marché.

Le parallèle peut se faire entre l'examen et le concours. Le premier permet seulement d'évincer les candidats peu compétents, le second permet de choisir les meilleurs. L'appel d'offres ouvert est un examen, l'appel d'offres restreint un concours.

Exemple

Une administration veut réaliser un hôtel de ville. Une des spécificités est que cette mairie se trouve à plus de 1 300 mètres d'altitude. Si l'administration utilise l'appel d'offres ouvert, il y a de grandes chances que des entreprises n'ayant aucune ou peu d'expérience dans les travaux réalisés en montagne répondent. Ces entreprises ne connaissant pas les spécificités et les contraintes du travail en altitude, elles seront certainement meilleures au niveau des prix puisqu'elles n'y intégreront pas les contraintes. L'administration gérera ensuite les problèmes techniques et les mémoires en réclamation... Au contraire, en mettant en œuvre un appel d'offres restreint, l'administration peut sélectionner les seules entreprises ayant beaucoup d'expérience dans la construction en altitude. Elle est donc certaine que ces entreprises intégreront par la suite, dans leur offre, l'ensemble des contraintes de ce type de travaux. Il y aura certainement moins de problèmes techniques et moins de mémoires en réclamation.

IV • Le nombre de dossiers

Dans l'appel d'offres ouvert, l'administration n'est pas maîtresse du nombre de dossiers remis par les entreprises. Ces derniers peuvent être extrêmement nombreux et il n'est pas rare de voir l'administration « bloquer » ses services techniques pendant plusieurs jours dans le seul but d'analyser des offres. Tel n'est peut-être pas le but. Par ailleurs, l'obligation de classer l'ensemble des entreprises va demander un travail beaucoup plus important à l'administration. Si trente dossiers sont déposés, l'administration devra aussi expliquer pourquoi telle entreprise est classée trentième et non pas vingt-neuvième, ou vingt-huitième, ou vingt-septième, etc.

Au contraire, l'appel d'offres restreint permet de rester maître du nombre de dossiers que l'on veut analyser.
Certains donneurs d'ordres « systématisent » le recours à l'appel d'offres restreint.

Si peu de candidatures sont remises, la quasi-totalité de ces dernières est mise en concurrence.

Au contraire, lorsque l'administration reçoit trop de candidatures, elle peut sélectionner les dix ou quinze entreprises qui lui paraissent les meilleures. L'administration obtient dans ce dernier cas les avantages de l'appel d'offres restreint (sélection des meilleures, maîtrise du nombre d'offres) en gardant les avantages de l'appel d'offres ouvert eu égard au nombre important d'entreprises qui sont sélectionnées (bonne concurrence, peu de risque d'entente).

À notre sens, deux critères principaux doivent être pris en compte pour effectuer le choix entre l'appel d'offres ouvert et l'appel d'offres restreint :
- l'état de la concurrence : plus le marché est concurrentiel (coût des offres attendues), plus l'administration a intérêt à utiliser l'appel d'offres restreint. Au contraire, en cas de marché peu concurrentiel (très peu d'offres attendues), l'administration a plus intérêt à utiliser l'appel d'offres ouvert ;
- la technicité du marché : plus le marché est dans un domaine spécialisé, plus l'administration a intérêt à utiliser l'appel d'offres restreint pour ne sélectionner que les entreprises réellement spécialisées dans le domaine qui fait l'objet du marché. Au contraire, moins le marché est technique, plus l'administration a intérêt à utiliser l'appel d'offres ouvert.

C'est souvent en prenant ces deux critères que l'administration fait un libre choix entre l'appel d'offres ouvert et l'appel d'offres restreint.

Phase 1

Définition des besoins

La définition des besoins constitue une étape essentielle. Elle peut se faire soit très en amont, avant même de faire paraître l'avis d'appel public à la concurrence, ce qui est l'idéal, soit en temps caché, pendant la phase candidature. Dans ce second scénario, deux problèmes majeurs existent :
- le risque que ce travail ne soit pas terminé avant de devoir mettre en concurrence les entreprises sélectionnées ;
- la difficulté de rédiger un avis d'appel public à la concurrence sans avoir fait ce travail préalable de définition du besoin. Comment dans ce cas répondre aux questions stratégiques que sont les critères par exemple ?

La définition du besoin est non seulement une nécessité économique, mais aussi une obligation juridique substantielle puisque la définition du besoin est expressément prévue par les textes.

Sur le plan des techniques d'achat, cette étape est substantielle. L'administration pourra faire un projet de contrat « idéal », elle pourra mettre en œuvre une procédure « idéale », elle ne fera jamais un « bon achat » si elle ne définit pas son besoin avec précision.

Une bonne définition du besoin permet aussi de respecter les trois grands principes régissant la commande publique :
- principe de libre accès à la commande publique ;
- principe d'égalité de traitement des candidats ;
- principe de transparence des procédures.

Ces principes ne peuvent être atteints que si l'administration s'astreint à définir préalablement son besoin avec suffisamment de précision (art. 5 et 6 du CMP).

I • Définition préalable et précise des besoins

Un besoin ne se définit pas « au dernier moment ». Un véritable acheteur est toujours à l'écoute de son environnement économique. Il connaît le produit, les entreprises, les innovations.

Le sourçage, le sourcing en anglais qui était expressément prévu dans les projets de textes de 2016, a été abandonné mais les textes prévoient toutefois (art. 4 du décret n° 2016-360 du 25 mars 2016 relatif aux marchés publics) la possibilité pour l'acheteur d'effectuer des consultations ou de réaliser des études de marché, de solliciter des avis ou d'informer les opérateurs économiques de ses projets sans pour autant fausser la concurrence.

Pour que l'achat soit efficace, les textes exigent :
- une définition préalable du besoin (art. 30 de l'ordonnance n° 2015-899 du 23 juillet 2015 relative aux marchés publics) ;
- une définition précise du besoin (art. 30 de l'ordonnance n° 2015-899 du 23 juillet 2015 relative aux marchés publics) ;
- la prise en compte du développement durable dans ses dimensions économique, sociale et environnementale (art. 30 de l'ordonnance n° 2015-899 du 23 juillet 2015 relative aux marchés publics) ;
- la prise en compte des critères d'accessibilité pour les personnes handicapées ou des critères de fonctionnalité pour tous les utilisateurs (art. 9 du décret n° 2016-360 du 25 mars 2016 relatif aux marchés publics).

Par ailleurs, l'État s'est obligé à prendre en compte la performance énergétique dans la commande publique (décret n° 2016-412 du 7 avril 2016 relatif à la prise en compte de la performance énergétique dans certains contrats et marchés publics).

Une bonne définition du besoin présente cinq avantages :
1. simplifier la rédaction des documents du marché, on « écrit bien et simplement » que ce que l'on connaît ;
2. éviter les pratiques anticoncurrentielles et les montages complexes ;
3. permettre une meilleure cohérence entre le besoin tel qu'il a été défini et les prestations réellement exécutées ; par voie de conséquence, la collectivité limitera les risques d'observation préfectorale et les sanctions du juge quant à la mauvaise évaluation du besoin ;
4. permettre un meilleur accès à la commande publique des petites entreprises ;
5. engendrer un coût plus faible de l'achat.

II • Risques juridiques d'une mauvaise évaluation des besoins

Le juge administratif sanctionne les collectivités qui ne respecteraient pas la définition initiale du besoin qu'elles se seraient fixé.

La sanction concerne l'exécution de prestations excédant largement celles qui avaient été définies au stade de l'évaluation des besoins (CE, Ministre de l'Intérieur c/ SARL Les voyages Brounais, 1998).

La sanction concerne également les mauvaises estimations financières ; ainsi, la collectivité ne peut rejeter les offres proposées par les entreprises en réponse à un marché, et donc déclarer infructueux au seul motif que le montant de celles-ci serait bien supérieur à l'estimation.

On peut penser que le juge pénal pourrait aussi sanctionner une mauvaise définition du besoin dès lors que l'administration méconnaît ainsi une règle de mise en concurrence.

III • Le travail de l'acheteur

On a trop longtemps, et c'est encore malheureusement le cas le plus fréquent, pris en compte l'achat par le biais du droit.
Beaucoup de services « acheteurs » sont en réalité des services juridiques composés à titre principal de juristes. D'autres, sous une direction plutôt financière, n'ont qu'une approche comptable de l'achat.

Or l'achat est un véritable métier et la fonction achat est très certainement, avec la gestion du personnel, la fonction la plus importante dans une collectivité publique.
Il n'est pas rare en effet que « l'achat », investissement et fonctionnement compris, représente 50 % du budget.

Dans un contexte économique difficile, les entreprises ont compris depuis plus de trente ans le rôle stratégique de l'acheteur qui est celui qui permet à l'entreprise de conserver ses marges, de nouer des partenariats stratégiques avec des fournisseurs et de rechercher l'innovation. L'acheteur contribue aussi à la bonne image de l'entreprise à travers le développement d'une politique d'achats durables.

Les collectivités publiques sont encore loin derrière dans l'appréhension que la fonction achat est l'un des centres stratégiques d'une collectivité publique.

Pourtant, les différences entre l'achat privé et l'achat public sont pour le moins ténues.

Dans le privé, on dit souvent que le processus achats peut se décomposer en six phases essentielles : la définition du besoin, la recherche de fournisseurs, le lancement d'appel d'offres, l'analyse des offres, la négociation et la contractualisation. Chaque phase doit être abordée avec rigueur et méthodologie. Tout au long de ce processus, l'acheteur se doit d'être à l'écoute de ses prescripteurs internes afin de cerner leurs besoins. Il doit également suivre et gérer de manière efficace les relations avec ses fournisseurs et anticiper les éventuels risques. Est-ce vraiment un phasage et une philosophie différente dans le public ?

Pour notre part, nous pensons qu'il n'existe en réalité que trois différences essentielles entre l'achat privé et l'achat public :
1. L'achat public est quelquefois plus « politique » que l'achat privé qui reste purement objectif.
2. L'achat public est plus encadré juridiquement mais il ne faut surtout pas surestimer le poids du droit dans l'achat.
3. L'achat public interdit trop souvent la négociation qui est pourtant l'outil d'achat le plus performant, si l'on sait négocier bien évidemment.

IV • Éléments techniques de la définition du besoin

L'administration peut définir les spécifications techniques de son besoin :
- soit par référence à des normes ou à d'autres documents équivalents accessibles aux candidats, notamment des agréments techniques ou d'autres référentiels techniques élaborés par les organismes de normalisation ;
- soit en termes de performances ou d'exigences fonctionnelles. Celles-ci sont suffisamment précises pour permettre aux candidats de connaître exactement l'objet du marché et au pouvoir adjudicateur d'attribuer le marché ;
- soit en combinant les deux possibilités.

Il nous semble nécessaire de relever les points suivants dans les textes actuels :
- la possibilité de se référer à un processus ou à une méthode spécifique de production ou de fourniture des travaux, des produits ou des services demandés ;
- la possibilité d'indiquer si le transfert des droits de propriété intellectuelle sera exigé ;
- le rappel que la définition d'une spécification technique par référence à une norme ou à un document équivalent (ou en termes de performance) ne peut pas permettre de rejeter une offre non conforme à cette norme ou à ce document si le soumissionnaire prouve que les solutions qu'il propose satisfont de manière équivalente aux exigences définies par cette norme ou ce document ;
- l'interdiction relative de définir son besoin par un mode ou procédé de fabrication particulier, une provenance ou une origine déterminée, une marque, un brevet ou un type lorsqu'une telle définition est susceptible de favoriser ou d'éliminer certains opérateurs économiques ou certains produits ;
- l'obligation nouvelle de définir son besoin en prenant en compte des critères d'accessibilité pour les personnes handicapées ou des critères de fonctionnalité pour tous les utilisateurs ;
- la possibilité de viser des labels en tant que moyen permettant de prouver que les travaux, services ou fournitures correspondent aux caractéristiques définies par l'acheteur ;
- la possibilité de demander un rapport d'essai d'un organisme d'évaluation de la conformité accrédité tout en permettant d'autres moyens de preuve appropriés.

Il faut aussi rappeler, mais cette obligation est dans l'ordonnance et non dans son décret d'application, les obligations particulières en matière d'achat de véhicules.

L'administration peut notamment utiliser des écolabels.

L'écolabel européen, créé par le règlement n° 880/92 du 23 mars 1992 et révisé par le règlement n° 1980/2000 du 17 juillet 2000, est le label écologique officiel européen.
En France, ce label est géré et délivré par Afnor Certification.

Ce label volontaire atteste qu'un produit respecte plus l'environnement, tout en étant aussi efficace et aussi performant qu'un produit semblable destiné au même usage. Pour obtenir l'écolabel européen, le produit doit être conforme à des critères écologiques et d'aptitude à l'usage.

Ces critères sont le résultat de négociations entre représentants européens d'industriels, des associations de consommateurs et de protection de l'environnement, de distributeurs et des pouvoirs publics.

Lorsque l'on analyse la jurisprudence, on s'aperçoit que le juge est relativement laxiste dans la sanction d'une définition du besoin qui pourrait apparaître relativement imprécise (Conseil d'État, n° 394133, 20 janvier 2016). Il en est de même lorsque le besoin est défini de telle sorte que l'on pourrait considérer qu'il avantage certaines entreprises.

Il est vrai que l'on n'est pas là dans « le cœur de métier » des juges, la définition du besoin étant un vrai métier à part entière.

On peut ainsi relever que le juge administratif n'a pas sanctionné une administration qui avait pourtant imposé un système très précis de fixation d'une toile de couverture puisqu'il avait imposé que cette fixation soit effectuée « *par des profilés métalliques inoxydables (...) non visibles et discrets* » ne nécessitant « aucune maintenance » ; que ce procédé de fixation de la couverture de l'ouvrage était justifié par l'objet même du marché (Conseil d'État, n° 382153, 10 février 2016).

Phase 2

Dévolution des marchés

Le terme de « dévolution des marchés » est un terme un peu « pompeux ». Il vise seulement la possibilité qu'a un donneur d'ordres public comme privé de scinder son besoin en plusieurs contrats (que l'on appelle souvent des lots) ou de conclure un seul contrat pour l'ensemble de son besoin.
Il s'agit toutefois d'un choix stratégique important qui conditionne l'achat futur.

Exemple

Un maître de l'ouvrage doit réaliser des travaux comportant du terrassement et de la mise en œuvre de canalisations.

Deux solutions s'ouvrent à lui :
- conclure un seul contrat avec une « structure » qui devra réaliser l'ensemble de son besoin, les travaux de terrassement et les travaux de canalisation ;
- scinder son besoin en deux lots, en deux contrats distincts, par exemple un lot « canalisation » et un lot « terrassement », et rechercher deux structures, l'une pour réaliser les canalisations, l'autre le terrassement.

Le maître de l'ouvrage devrait se poser deux questions avant de mettre en œuvre une procédure :
- Est-il plus opportun de conclure un seul contrat pour effectuer l'ensemble de mon besoin ou est-il plus opportun de scinder mon besoin en plusieurs lots marchés et donc de conclure plusieurs contrats ?
- En cas d'allotissement, est-il opportun de limiter le nombre de lot(s) que peut obtenir un même opérateur économique ?

Il s'agit là de questions d'acheteur.

Le juriste doit en plus se poser la question de la possibilité de ne pas allotir si un tel choix paraît à l'acheteur le plus approprié.
En effet, l'article 32 de l'ordonnance n° 2015-899 du 23 juillet 2015 relative aux marchés publics impose de mettre en œuvre une opération en lots séparés, sauf si son objet ne permet pas l'identification de prestations distinctes.

Ce principe connaît toutefois des exceptions puisque le même texte prévoit qu'il est possible de ne pas allotir, si l'acheteur n'est pas en mesure d'assurer par lui-même les missions d'organisation, de pilotage et de coordination ou si la dévolution en lots séparés est de nature à restreindre la concurrence ou risque de rendre techniquement difficile ou financièrement plus coûteuse l'exécution des prestations.

Il n'en reste pas moins que l'allotissement est la règle, le lot unique l'exception et qu'il existe toujours un risque juridique à mettre en œuvre une opération avec un lot unique.

Dans ces conditions, le juge a pu sanctionner le fait de conclure un marché unique pour des travaux en vue de la réalisation de travaux d'aménagement d'une rue (Conseil d'État, n° 389740, 18 septembre 2015).
En revanche, il a validé un marché de mobilier non alloti en considérant qu'il résultait de l'instruction que la division par lots selon le type d'équipement aurait eu pour conséquence de multiplier les coûts de transport à destination de Mayotte (Cour administrative d'appel de Bordeaux, n° 13BX02037, 31 mars 2015). Il a aussi validé un marché visant à assurer la présence, la nuit, sur le territoire d'une commune, d'une équipe d'animateurs ayant pour tâches la prévention ou le règlement des difficultés par le dialogue et la médiation au motif qu'un tel marché ne permet pas l'identification de prestations distinctes, selon les lieux ou les difficultés à prévenir ou à régler (Conseil d'État, n° 386862, 27 mars 2015).

Par ailleurs, lorsqu'il décide de ne pas allotir, l'acheteur doit motiver ce choix :
- dans les documents de la consultation ou le rapport de présentation, lorsqu'il agit en tant que pouvoir adjudicateur ;
- parmi les informations qu'il conserve obligatoirement, lorsqu'il agit en tant qu'entité adjudicatrice.

Le juge dans un premier temps, les textes de 2016 aujourd'hui permettent à l'acheteur de limiter le nombre de lots pour lesquels un opérateur économique peut présenter une offre ou le nombre de lots qui peuvent être attribués à un même opérateur économique.

I • Lots

La notion de lot est souvent ambiguë.

Elle a deux aspects :
- l'aspect technique. Ainsi on peut diviser un besoin en plusieurs lots techniques (gros œuvres et seconds œuvres) ou géographiques ;
- l'aspect juridique. Un lot correspond alors à un contrat particulier.

Un lot juridique, au sens d'un contrat, peut contenir plusieurs lots techniques et/ou géographiques.

II • Dévolution en un lot unique

Le maître de l'ouvrage, le donneur d'ordres, peut décider, mais il devra alors se justifier de conclure un seul contrat pour un besoin qu'il a défini. Ce besoin peut correspondre à une seule technicité ou à plusieurs technicités. De même, ce besoin peut correspondre à un travail en un seul lieu ou en des lieux distincts.

En tout état de cause, la décision du donneur d'ordres de conclure un seul contrat pour un besoin se qualifie de dévolution à lot unique.

Lorsque le maître de l'ouvrage décide, après l'avoir justifié, de conclure un seul contrat, de faire un lot juridique unique, il pourra conclure ledit contrat, soit avec une entreprise seule, soit avec une entreprise présentant un ou plusieurs sous-traitants, soit avec des entreprises groupées. On s'aperçoit que la notion de « lot unique » n'a aucune incidence sur la forme juridique que prendront les entreprises pour répondre au marché.

La notion de dévolution en lot unique est souvent confondue avec la notion de dévolution à l'entreprise générale. Il est vrai que, très souvent, lorsque le maître de l'ouvrage fait un seul lot, une seule entreprise répond, mais cela n'est toutefois pas une obligation. Par ailleurs, ce texte n'existe qu'en bâtiment.

III • Dévolution en lots séparés

Si le maître de l'ouvrage peut décider de faire réaliser son besoin par l'intermédiaire d'un seul contrat, d'un seul marché, il peut aussi fractionner son besoin en plusieurs lots juridiques. On parle alors d'allotissement ou de marchés séparés.

En maîtrise d'ouvrage publique, l'allotissement ne doit pas être justifié. En effet, les textes sur la commande publique font de la dévolution en lots séparés le mode de dévolution normal des marchés.

Il faut relever que, lorsque le maître de l'ouvrage fait une dévolution en lots séparés :

- il ne peut pas interdire à une entreprise de répondre à tous les lots ;
- il peut en revanche limiter le nombre de lots auxquels une entreprise peut accéder.

Dans ce second cas, il sera nécessaire de prévoir dans les documents de la consultation les règles applicables lorsque la mise en œuvre des critères d'attribution conduirait à attribuer à un même soumissionnaire un nombre de lots supérieur au nombre maximal. Une solution binaire est de faire savoir que les lots sont analysés les uns après les autres et que, lorsqu'une entreprise a obtenu le nombre maximal de lots, ses offres pour les autres lots ne sont plus analysées.

IV • Les différents types d'allotissements

Dans les marchés publics comme dans les marchés privés, le maître de l'ouvrage a deux possibilités pour fractionner son besoin :

- en premier lieu, et c'est le fractionnement le plus traditionnel, le maître de l'ouvrage peut fractionner son besoin en plusieurs lots techniques. Ainsi, pour réaliser un bâtiment, le maître de l'ouvrage va diviser son besoin (la réalisation du bâtiment) en un lot « gros œuvre », un lot « second œuvre », un lot charpentes et toitures, un lot électricité, un lot plomberie...
  De même, le maître de l'ouvrage peut diviser son besoin de maîtrise d'œuvre en un lot « maîtrise d'œuvre générale » comprenant notamment les missions de conception et de direction du chantier et un lot OPC (orga-

nisation, pilotage et coordination du chantier). En matière de fournitures, le besoin d'un maître de l'ouvrage peut être de meubler des bureaux. Il peut faire un lot « tables », un lot « chaises » et un lot « armoires ». Pour des prestations en matière juridique, le donneur d'ordres peut diviser son besoin en un lot « prestations juridiques en matière contractuelle » et « prestations juridiques en matière de droit de l'urbanisme » ;

- en second lieu, le fractionnement de la prestation peut aussi être divisé en lot géographique. Ainsi, un département peut avoir comme besoin l'entretien de sa voirie. Ce besoin peut être scindé en plusieurs lots géographiques correspondant soit à des subdivisions administratives, soit à des voiries différentes. Un office public d'HLM a un besoin : la coordination santé et sécurité de l'ensemble de ses chantiers. Ce besoin peut être divisé en plusieurs lots géographiques et, pour un office départemental, ces lots géographiques reprendront le plus souvent, pour des raisons de facilités, les subdivisions administratives de l'État. Pour des communes traversées par une rivière ou un fleuve, on a pu voir deux lots géographiques : les besoins en matière d'entretien de bâtiment sur la rive gauche et les besoins en matière d'entretien de bâtiment sur la rive droite.

Phase 3

Dossier de consultation des entreprises

La collectivité doit mettre au point les documents qu'elle enverra aux entreprises : documents d'information et documents constitutifs du marché. Dans l'appel d'offres restreint, ce travail peut être fait de manière liminaire, ce qui est l'idéal ; il peut aussi s'effectuer en temps caché, le but étant d'avoir un dossier complet au plus tard à la date où les entreprises sélectionnées devront être mises en concurrence.

Il faut relever l'importance substantielle de ces documents de la consultation pour une concurrence saine et transparente d'une part, pour obtenir le meilleur achat au meilleur prix d'autre part.

Un certain nombre de questions stratégiques doit être posé avant de rédiger ces documents car la réponse à ces questions conditionne la rédaction des pièces.
Il est notamment important de se poser la question des renseignements et documents à demander au stade du dossier de candidature puis au stade de l'offre :
- sur la stratégie de mise en concurrence ;
- sur la stratégie d'achat au travers du contrat à rédiger.

Par ailleurs, et sur la forme, même si l'obligation formelle d'avoir un certain nombre de pièces habituelles comme l'acte d'engagement, un CCAP, un CCTP... n'existe plus, les documents de la consultation seront le plus souvent constitués de ces pièces traditionnelles.

I • Les questions stratégiques

Un dossier de consultation ne devrait pas être un « copié-collé » comme on le voit trop souvent, mais un dossier mettant en œuvre la stratégie d'achat de l'acheteur.
Il est nécessaire de se poser des questions :
- sur la stratégie de mise en concurrence ;
- sur la stratégie d'achat au travers du contrat à rédiger.

Sur la stratégie de mise en concurrence, cinq points nous paraissent essentiels :
- Est-il opportun de prévoir des variantes, voire de les rendre obligatoires ?
- Quels sont les critères de choix les mieux adaptés au besoin ?
- Quelle est la meilleure pondération au regard des objectifs d'achat ?
- Quels sont les documents et renseignements dont l'acheteur a besoin pour analyser les candidatures ?
- Quels sont les documents dont l'acheteur a besoin pour analyser les critères de choix.

Sur la stratégie d'achat au travers du contrat, trois points nous paraissent essentiels :
- Est-il opportun de mettre des obligations contractuelles lourdes en matière de développement durable ?
- Est-il opportun de prévoir des avances ?
- Est-il opportun de prévoir des pénalités ?

II • Les variantes

Sur la problématique des variantes, il faut savoir que l'acheteur a le choix entre :
- interdire les variantes (ou ne pas en parler, ce qui a les mêmes conséquences) ;
- accepter les variantes sans pour autant obliger les opérateurs économiques à en remettre ;
- rendre obligatoire une variante, ce qui est aujourd'hui possible.

Dans les deux derniers cas, trois questions doivent aussi être posées :
- Quelles sont les prescriptions minimales que devront respecter les variantes, mention obligatoire dès la mise en concurrence. Ces prescriptions peuvent se définir soit en termes de résultat minimum à atteindre

(par exemple, pour une isolation phonique, le coefficient d'isolation minimum), soit en listant les prescriptions techniques auxquelles on ne peut pas déroger (ou au contraire les seules auxquelles on peut déroger).
- Est-ce qu'il est opportun ou non d'imposer à l'entreprise de remettre une offre de base avec l'offre avec variantes ? Chaque cas est un cas particulier et il ne peut donc exister de règles générales sur ce point.
- Sous quelle forme la variante doit-elle être présentée, sachant que pour notre part nous préférons que l'offre avec variantes contienne les mêmes documents que l'offre de base.

Nous pensons pour notre part :
- qu'il est souvent opportun de permettre les variantes qui permettent à l'acheteur d'avoir des propositions différentes, auxquelles il n'a peut-être pas pensé, pour obtenir le même résultat, mais aussi aux entreprises de faire une proposition au plus proche de ses meilleures compétences ;
- qu'il est rarement opportun d'imposer la remise d'une offre de base avec la variante, et ce pour trois raisons :
  * le travail demandé aux entreprises est le plus souvent (trop) important ;
  * une entreprise a rarement intérêt à mettre en œuvre le besoin de la manière imposée par l'acheteur lorsqu'elle a une technicité différente ;
  * l'acheteur doit analyser toutes les offres de base et toutes les offres « variantées ».

Quelle stratégie mettre en œuvre au regard des variantes ?

On doit d'abord retenir que dans le cadre d'une procédure formalisée, la variante est réputée interdite si aucune mention ne les prévoit pour les pouvoirs adjudicateurs (sauf pour les entités adjudicatrices).
On doit ensuite relever que, en matière de variantes, l'acheteur a trois solutions :
- les interdire ;
- les permettre ;
- les exiger puisque tel est le cas dans les textes issus de l'ordonnance sur les marchés publics.

Lorsque des variantes sont autorisées expressément ou exigées, l'acheteur doit par ailleurs définir les exigences minimales que les variantes doivent respecter, ainsi que toute condition particulière de leur présentation.
Comme par le passé, et pour les marchés publics de fournitures ou de services, une variante ne peut être rejetée au seul motif qu'elle aboutirait, si elle était retenue, à un marché public de services au lieu d'un marché public de fournitures ou à un marché public de fournitures au lieu d'un marché public de services.

III • Les critères de choix

Les critères de choix sont abordés dans l'ordonnance du 23 juillet 2015 qui indique que le choix doit être fondé sur l'offre économiquement la plus avantageuse sur la base d'un ou plusieurs critères de choix.

Sur la problématique des critères de choix abordée dans le décret d'application, l'acheteur est très libre des critères qu'il veut utiliser, la seule règle étant que, en cas de critère unique, ce dernier ne peut être que le critère prix ou le critère coût global d'utilisation. Il existe par ailleurs de nombreux critères à la disposition de l'acheteur et cette liste n'est pas par ailleurs exhaustive.

Article 52 de l'ordonnance n° 2015-899 du 23 juillet 2015 relative aux marchés publics

« I.- Le marché public est attribué au soumissionnaire ou, le cas échéant, aux soumissionnaires qui ont présenté l'offre économiquement la plus avantageuse sur la base d'un ou plusieurs critères objectifs, précis et liés à l'objet du marché public ou à ses conditions d'exécution. »

Article 62 du décret n° 2016-360 du 25 mars 2016 relatif aux marchés publics

« I.- Les offres régulières, acceptables et appropriées, et qui n'ont pas été rejetées en application des articles 60 ou 61, sont classées par ordre décroissant en appliquant les critères d'attribution.
II.- Pour attribuer le marché public au soumissionnaire ou, le cas échéant, aux soumissionnaires qui ont présenté l'offre économiquement la plus avantageuse, l'acheteur se fonde :
1° Soit sur un critère unique qui peut être :
a) Le prix, à condition que le marché public ait pour seul objet l'achat de services ou de fournitures standardisés dont la qualité est insusceptible de variation d'un opérateur économique à l'autre ;
b) Le coût, déterminé selon une approche globale qui peut être fondée sur le coût du cycle de vie au sens de l'article 63 ;
2° Soit sur une pluralité de critères non discriminatoires et liés à l'objet du marché public ou à ses conditions d'exécution au sens de l'article 38 de l'ordonnance du 23 juillet 2015 susvisée, parmi lesquels figure le critère du prix ou du coût et un ou plusieurs autres critères comprenant des aspects qualitatifs, environnementaux ou sociaux. Il peut s'agir, par exemple, des critères suivants :
a) La qualité, y compris la valeur technique et les caractéristiques esthétiques ou fonctionnelles, l'accessibilité, l'apprentissage, la diversité, les conditions de production et de commercialisation, la garantie de la rémunération équitable des producteurs, le caractère innovant, les performances en matière de protection de l'environnement, de développement des approvisionnements directs de produits de l'agriculture, d'insertion professionnelle des publics en difficulté, la biodiversité, le bien-être animal ;
b) Les délais d'exécution, les conditions de livraison, le service après-vente et l'assistance technique, la sécurité des approvisionnements, l'interopérabilité et les caractéristiques opérationnelles ;

c) L'organisation, les qualifications et l'expérience du personnel assigné à l'exécution du marché public lorsque la qualité du personnel assigné peut avoir une influence significative sur le niveau d'exécution du marché public.
D'autres critères peuvent être pris en compte s'ils sont justifiés par l'objet du marché public ou ses conditions d'exécution.
III.- En cas de dialogue compétitif et pour les partenariats d'innovation, l'offre économiquement la plus avantageuse est identifiée sur la base d'une pluralité de critères conformément au 2° du II.
IV.- Les critères ainsi que les modalités de leur mise en œuvre sont indiqués dans les documents de la consultation.
Pour les marchés publics passés selon une procédure formalisée, les critères d'attribution font l'objet d'une pondération ou, lorsque la pondération n'est pas possible pour des raisons objectives, sont indiqués par ordre décroissant d'importance. La pondération peut être exprimée sous forme d'une fourchette avec un écart maximum approprié.
V.- L'acheteur s'assure que les critères d'attribution retenus puissent être appliqués tant aux variantes qu'aux offres de base. »

Il est bien entendu substantiel de bien connaître son besoin pour définir les « bons critères ». Par exemple, on doit avoir un critère qualité pour un bien qui va être utilisé tous les jours, cette qualité permettant le plus souvent une « durabilité » du produit, un moindre coût à terme du fait de cette durabilité, et un gain de temps dans son utilisation. Ce critère n'est peut-être pas indispensable si le produit est peu utilisé.

Le texte vise de manière non exhaustive des critères comme la qualité, la valeur technique, les caractéristiques esthétiques ou fonctionnelles, l'accessibilité, l'apprentissage, la diversité, les conditions de production et de commercialisation, la garantie de la rémunération équitable des producteurs, le caractère innovant, les performances en matière de protection de l'environnement, de développement des approvisionnements directs de produits de l'agriculture, d'insertion professionnelle des publics en difficulté, la biodiversité, le bien-être animal...

Comme par le passé, les critères ainsi que les modalités de leur mise en œuvre doivent être indiqués dans les documents de la consultation.

L'une des grandes nouveautés des textes de 2016 est de mettre en avant le critère « coût global d'utilisation » basé sur le cycle de vie d'un produit, qui peut par ailleurs être un critère unique. Ce critère indique bien à lui tout seul la problématique de l'achat qui est d'avoir sur la durée d'utilisation d'un bien ou d'un service le meilleur rapport qualité/prix.

On doit aussi relever une précision du droit européen qui indique que le coût peut prendre la forme d'un prix ou d'un coût fixe sur la base duquel les opérateurs économiques seront en concurrence sur les seuls critères de qualité. Il s'agit là d'une technique d'achat qui peut être opportune dans certaines circonstances.

Il appartient à l'acheteur d'indiquer dans les documents de la consultation les données que doivent fournir les soumissionnaires et la méthode qu'il utilisera pour déterminer le coût du cycle de vie sur la base de ces données.

IV • La pondération et la notation

Sur le troisième point, la pondération est le reflet de la stratégie d'achat de l'acheteur. Il est désolant de voir que certaines collectivités publiques mettent les mêmes coefficients pour tous leurs achats. C'est en tout cas un excellent moyen de perdre de l'argent.

Même dans l'achat privé purement personnel, des critères inconscients de choix sont mis en œuvre. Il ne suffit pas de se dire « je veux acheter une boîte de petits pois » ; la phrase en elle-même ne veut presque rien dire tant il y aura un choix important devant l'étal des boîtes de petits pois. On doit se poser la question du prix, de la qualité...

Il est par ailleurs nécessaire de rappeler qu'un critère est totalement inopérant, en d'autres termes qu'il ne sert à rien ou presque, si l'acheteur n'impose pas aux entreprises de lui remettre l'ensemble des renseignements et documents nécessaires pour l'analyser.

De plus, et aux termes de la jurisprudence qui s'applique à notre sens aux textes nouveaux, si la personne publique peut définir librement la méthode de notation pour la mise en œuvre de chacun des critères de sélection des offres qu'elle a définis et rendus publics, elle ne peut toutefois choisir une méthode de notation en méconnaissance des principes fondamentaux d'égalité de traitement des candidats et de transparence des procédures qui aurait pour conséquence de priver de leur portée les critères de sélection ou de neutraliser leur pondération. Il en est ainsi si, lors de la mise en œuvre de chaque critère, la meilleure note n'est pas attribuée à la meilleure offre ou, au regard de l'ensemble des critères pondérés, si l'offre économiquement la plus avantageuse n'est pas choisie, et ce même si la personne publique, qui n'y est pas tenue, aurait rendu publique, dans l'avis d'appel à concurrence ou les documents de la consultation, une telle méthode de notation (Cour administrative d'appel de Paris, n° 15PA02953, 8 février 2016).

Il faut par ailleurs relever que le juge ne se donne pas le droit de reprendre l'ensemble des éléments qui ont amené l'acheteur à faire son choix. Il ne vérifie que l'erreur manifeste d'appréciation que l'on peut définir comme une erreur relativement grossière (Cour administrative d'appel de Versailles, n° 13VE01660, 22 octobre 2015).

V • La stratégie spécifique des pièces de la candidature

Dans les procédures restreintes, l'acheteur doit aller au delà de la vérification de la capacité des entreprises. Son rôle est de choisir les meilleures.

Deux questions préalables doivent être posées nous semble-t-il :
- Combien d'entreprises je vais sélectionner ?
- N'est-il pas opportun de prévoir des sous-critères de capacité, voire de pondérer ces critères ?

Sur le premier point, l'article 48 du décret de 2016 prévoit que le nombre de candidats retenus doit être suffisant pour assurer une concurrence effective, mais aussi que, en appel d'offres restreint, le nombre minimal est de cinq. Pour des achats particulièrement techniques, l'acheteur peut éventuellement choisir la solution de retenir le nombre minimum de candidats prévu par les textes. Dans les autres cas, un nombre plus important peut être opportun. Il faut aussi rappeler que, quel que soit le nombre de candidats arrêté, lorsque le nombre de candidats satisfaisant aux critères de sélection est inférieur au nombre minimum, le pouvoir adjudicateur peut poursuivre la procédure avec les candidats ayant les capacités requises.

Sur le second point, nous pensons qu'il est particulièrement important de prévoir des sous-critères de capacité, voire de les pondérer pour les achats très spécialisés. Dans le cas contraire, l'acheteur se retrouve avec des dizaines de candidatures très difficiles à départager car trop proches les unes des autres.

Exemple de mise en œuvre des critères de capacité pour un marché de maîtrise d'œuvre

Article X : Les candidats ayant remis une candidature recevable seront sélectionnés au vu des éléments suivants :

Critères de capacité	Sous-critères éventuels	Pondération sur une base 100
Capacité financière		10
Capacité technique		15
	Moyens humains	15
	Moyens matériels	5
Capacité professionnelle		70
	Capacité architecturale	5
	Capacité technique	15
	Capacité en économie de la construction	20
	Capacité en direction de chantier	20
	Capacité en OPC	10

Lorsque l'acheteur a trouvé ses solutions en matière d'analyse des capacités, il lui appartient, dans le respect des textes existants, de se demander quels sont les renseignements et documents dont il a besoin pour transcrire ce besoin dans les pièces de la mise en concurrence, traditionnellement dans le règlement de la consultation.

Il existe à notre sens deux grands types de documents :
- la déclaration sur l'honneur pour justifier que le candidat n'entre dans aucun des cas d'exclusions de l'ordonnance du 23 juillet 2015 et qu'il est en règle concernant l'emploi des travailleurs handicapés. Cette déclaration est obligatoire et l'acheteur n'a pas vraiment de question à se poser sur la nécessité de la demander. En revanche, l'acheteur doit se poser la question du moment où il va demander cette attestation et, indirectement, à qui il va la demander. En effet, aux termes de l'article 54 du décret n° 2016-360 du 25 mars 2016 relatif aux marchés publics, l'acheteur ne peut exiger que du seul candidat auquel il est envisagé d'attribuer le marché public qu'il justifie ne pas être dans un cas d'interdiction de soumissionner. L'acheteur a donc deux solutions :
  * prévoir dans ces documents de la consultation, notamment dans la publicité préalable et le règlement de la consultation, que tous les candidats doivent remettre ce document ;

* ne rien prévoir sur ce point et demander l'attestation à la seule entreprise dont l'offre sera classée en première position ;

- les documents et renseignements demandés par l'acheteur pour vérifier la capacité professionnelle, la capacité économique et financière et les capacités techniques du candidat.

Sur ce deuxième point, quelques grands principes doivent être gardés à l'esprit par l'acheteur :

- en premier lieu, il est interdit d'exiger des capacités qui ne correspondent pas à l'objet du marché ;
- en second lieu, il est nécessaire d'exiger des capacités qui soient proportionnées à l'objet du marché, notion qui est plus difficile d'interprétation et qui ne peut s'analyser qu'au « cas par cas » ;
- en troisième lieu, en cas de niveaux minimaux de capacité, ces derniers doivent être liés et proportionnés à l'objet du marché public ou à ses conditions d'exécution ;
- en quatrième lieu, les conditions de participation et les moyens de preuve acceptables doivent être rappelés, même s'ils doivent par ailleurs être dans l'avis d'appel à la concurrence ;
- en cinquième lieu, il est possible d'exiger que les opérateurs économiques soient inscrits sur un registre professionnel ;
- en sixième lieu, pour ce qui est de la capacité économique et financière, l'acheteur peut exiger un chiffre d'affaires annuel minimal donné, mais ce dernier ne peut être supérieur à deux fois le montant estimé du marché public ou du lot, sauf justifications. L'acheteur peut par ailleurs exiger un chiffre d'affaires annuel minimal pour des groupes de lots, dans l'éventualité où un titulaire se verrait attribuer plusieurs lots à exécuter en même temps ;
- en septième lieu, il est possible d'exiger que les opérateurs économiques fournissent des informations sur leurs comptes annuels indiquant notamment le rapport entre les éléments d'actif et de passif ;
- en huitième lieu, il est possible d'exiger un niveau approprié d'assurance des risques professionnels ;
- en neuvième lieu, et pour ce qui est des capacités techniques et professionnelles, l'acheteur peut imposer des conditions garantissant les ressources humaines et techniques et l'expérience nécessaires pour exécuter le marché public ;
- en dixième lieu, mais pour les seuls marchés publics de services ou de travaux et les marchés publics de fournitures nécessitant des travaux de pose ou d'installation ou comprenant des prestations de services, l'acheteur peut imposer aux candidats qu'ils indiquent les noms et les qualifications

professionnelles pertinentes des personnes physiques qui seront chargées de l'exécution du marché ;
- en onzième lieu, il est toujours possible de demander des références mais leur absence ne peut justifier, à elle seule, l'élimination d'un candidat ;
- en douzième lieu, et pour les groupements, la capacité est appréciée de manière globale et non « cotraitant par cotraitant » ;
- en dernier lieu, le principe est que la capacité peut être regardée de manière plus restrictive pour les marchés publics de défense ou de sécurité. Dans ce dernier cas, en plus des deux points précédents, les acheteurs publics peuvent prendre en compte l'implantation géographique des moyens du candidat pour exécuter le marché et/ou faire face à d'éventuelles augmentations des besoins, mais uniquement lorsque cette implantation se trouve hors du territoire de l'Union européenne.

Il faut aussi rappeler que l'acheteur est limité pour ce qui est des documents et renseignements demandés. En effet, l'acheteur ne peut demander que des documents dont la liste est prévue par un arrêté. Il peut exiger une traduction de documents en langue étrangère mais pas imposer une traduction certifiée.

La liste suscitée est définie par l'arrêté du 29 mars 2016 fixant la liste des renseignements et des documents pouvant être demandés aux candidats aux marchés publics.

On doit notamment relever :
- le chiffre d'affaires, les bilans des trois dernières années ;
- une liste des travaux exécutés au cours des cinq dernières années et des attestations de leur bonne exécution pour les travaux les plus importants ou la liste des principaux services fournis au cours des trois dernières années ou, pour les marchés publics de défense ou de sécurité, au cours des cinq dernières années, éventuellement prouvés par des attestations du destinataire ;
- les effectifs moyens annuels du candidat et l'importance du personnel d'encadrement pendant les trois dernières années ;
- pour les seuls marchés publics de travaux, de services ou pour les marchés publics de fournitures comportant également des travaux de pose et d'installation ou des prestations de services, l'indication des titres d'études et professionnels du candidat ou des cadres de l'entreprise, et notamment des responsables de prestation de services ou de conduite des travaux de même nature que celle du marché public ;

- l'indication des techniciens ou des organismes techniques, qu'ils soient ou non intégrés au candidat, en particulier de ceux qui sont responsables du contrôle de la qualité et, lorsqu'il s'agit de marchés publics de travaux, auquel le candidat pourra faire appel pour l'exécution de l'ouvrage ;
- l'outillage, le matériel et l'équipement technique dont le candidat disposera pour la réalisation du marché ;
- la description de l'équipement technique ainsi que des mesures employées par le candidat pour s'assurer de la qualité et des moyens d'étude et de recherche de son entreprise ;
- l'indication des systèmes de gestion et de suivi de la chaîne d'approvisionnement que le candidat pourra mettre en œuvre lors de l'exécution du marché ;
- l'indication des mesures de gestion environnementale que le candidat pourra appliquer lors de l'exécution du marché public ;
- des échantillons, descriptions ou photographies des fournitures ;
- des certificats établis par des instituts ou services officiels chargés du contrôle de la qualité et habilités à attester la conformité des fournitures ;
- des certificats de qualification professionnelle établis par des organismes indépendants.

En tout état de cause, et sans qu'il y ait sur ce point des différences très notables avec le droit antérieur, les pouvoirs adjudicateurs devront demander les éléments nécessaires pour juger de la capacité financière, technique et professionnelle des candidats.

Par ailleurs, jusqu'au 1er avril 2018, l'acheteur doit faire savoir s'il accepte la remise de la candidature sous la forme d'un document unique de marché européen (DUME) qui est un document type européen. Après cette date, le DUME est de plein droit.

L'acheteur doit aussi indiquer lors de la mise en concurrence si le candidat peut simplement remettre le DUME indiquant qu'il dispose de l'aptitude et des capacités requises sans fournir d'informations particulières sur celles-ci. En l'absence d'une telle mention, cette faculté n'est pas autorisée.

Par ailleurs, jusqu'au 1er octobre 2018, l'acheteur doit faire savoir s'il accepte les documents de la candidature remis lors d'une mise en concurrence précédente. Après cette date, cette possibilité est de plein droit.

VI • La stratégie spécifique des pièces de l'offre

Il apparaît que plusieurs questions doivent trouver réponses, réponses qui seront traduites ensuite dans le dossier de consultation, notamment le règlement de la consultation.

- Quelles sont les pièces du dossier qui doivent être remises par les entreprises ? Il nous semble que l'acte d'engagement ou le document valant clauses particulières est le seul document à demander signé sauf dans les marchés à prix unitaires où il sera opportun de faire signer en plus le bordereau des prix unitaires. Il ne sert à rien comme on le voit trop souvent de demander l'ensemble des pièces signé, voire même paraphé.

- Comment je rédige mon contrat sachant que sur ce point la simplicité doit être de mise ? Il ne faut pas oublier qu'un marché public n'est pas obligatoirement, dans ses pièces administratives particulières, un document de plusieurs dizaines de pages, surtout qu'il n'existe que quelques mentions obligatoires. Un acte d'engagement valant CCAP, que l'on pourra aussi appeler « pièce particulière du marché », peut être complet et ne faire que moins de 10 pages.

- Quels sont les renseignements dont l'acheteur a besoin pour analyser les critères qu'il a mis en place ? C'est certainement sur ce point qu'il faudra être très attentif. Si l'on prend l'exemple des marchés de travaux, la demande d'un « mémoire technique » nous paraît pour le moins insuffisante pour analyser le critère « valeur technique ». Il nous paraît important de préciser les mentions minimums que devra comprendre un mémoire, voire d'imposer aux entreprises de remettre un mémoire sur la base d'un modèle obligatoire.

- Est-il nécessaire de demander des échantillons ou des photographies de certaines fournitures ?

Exemple de mémoire technique type en travaux

Moyens humains mis à disposition sur le chantier
- Nombre moyen de personnes pendant les travaux
- Qualification des personnes mises à disposition
- Nom du responsable de chantier (CV à joindre obligatoirement) et temps passé sur le chantier en pourcentage d'un temps plein

Moyens matériels mis à disposition sur le chantier
- Liste du matériel qui sera utilisé
- Origine du matériel (matériel propre, matériel loué, autres)

Qualité des matériaux
- Joindre la fiche technique des matériaux les plus importants utilisés

Contrôles
- Contrôles internes à l'entreprise
- Contrôles externes éventuels

VII • La stratégie d'achat au travers du contrat

Sur la stratégie d'achat au travers du contrat, nous considérons, on l'a vu, que trois points paraissent essentiels, à savoir les obligations contractuelles en matière de développement durable, l'opportunité de prévoir des avances et l'opportunité de prévoir des pénalités.

Sur le premier point, on sait que dans la définition de son besoin, l'acheteur doit prendre en compte des préoccupations de développement durable. En revanche, si l'on prend l'exemple d'un chantier de rénovation d'un pont au-dessus d'un cours d'eau, les obligations de l'entreprise ne seront pas tout à fait les mêmes s'il est seulement indiqué que « *l'entreprise doit tout mettre en œuvre pour ne pas polluer les eaux* » ou si l'on décrit la méthodologie que devra obligatoirement respecter l'entreprise, les contrôles qu'elle s'oblige à réaliser... C'est toute la différence entre une obligation de résultats et une obligation de moyens.

Sur le second point, on sait que le Code prévoit la possibilité de verser des avances qui peuvent aller jusqu'à 30 %, voire 60 % du montant du marché. On sait aussi que, sur certains marchés, la concurrence est réduite car les PME n'ont pas la trésorerie nécessaire pour faire les avances de fonds indispensables à toute prestation. Il est donc obligatoire de s'interroger sur l'opportunité ou non de prévoir des avances.

Sur le troisième point, on sait qu'il est plus facile d'inciter une entreprise à respecter ses obligations contractuelles si leur non-respect entraîne des pénalités. Il est donc indispensable de s'interroger :
- sur les obligations contractuelles qui sont les plus substantielles ;
- sur les pénalités qui paraissent opportunes en cas de manquement à ces obligations.

Tout cela nécessite bien sûr que les pénalités soient appliquées lorsqu'elles sont prévues.

VIII • Le règlement de la consultation

Le règlement de la consultation est un document que les collectivités établissent le plus souvent dans toute procédure faisant intervenir une mise en concurrence.

Il faut savoir que ce document n'a jamais existé en droit européen et qu'il a définitivement disparu en 2016 de notre droit interne des marchés. On le retrouve toutefois dans le Code général des collectivités territoriales comme l'un des documents qui peut avoir à être transmis au contrôle de la légalité.

Pour notre part, nous pensons qu'un tel document reste intéressant si son but :
- est d'annoncer de manière détaillée la « règle du jeu » de la publicité d'origine jusqu'à la notification du marché ;
- est d'expliquer en langage clair et compréhensible cette règle du jeu ;
- n'est pas de rappeler des futures obligations contractuelles, comme les délais de paiement, les intérêts moratoires... ;
- n'est pas d'être un « document type » abscons mais un document travaillé à chaque mise en concurrence.

Pour un appel d'offres restreint, deux stratégies de règlement de la consultation sont possibles :
- faire un règlement de la consultation de la phase candidature et de la phase offre qui sera en ligne sur le profil acheteur dès la parution de l'avis de marché ;
- faire un règlement de la consultation de la seule phase offre qui sera remis aux seules entreprises ayant été sélectionnées.

IX • Le projet de contrat

Le dossier de consultation doit comprendre un projet de contrat.

De manière habituelle, un marché public (ou un accord-cadre) est composé de nombreuses pièces comme l'acte d'engagement, le cahier des clauses administratives générales, le cahier des clauses techniques générales, éventuellement un bordereau de prix...
De manière tout aussi habituelle, il n'est pas rare de voir des actes d'engagement de plus de 10 pages, des CCAP de 40 pages...

Il faut perdre ces habitudes de documents lourds et illisibles surtout que :
- en droit, il n'est plus fait mention de l'acte d'engagement, du CCAP comme du CCTP, tout au plus est-il possible de se référer à un cahier des clauses administratives générales qui fixe les stipulations de nature administrative applicables à une catégorie de marchés publics et à un cahier des clauses techniques générales qui fixe les stipulations de nature technique applicables à toutes les prestations d'une même nature (art. 15 du décret n° 2016-360 du 25 mars 2016 relatif aux marchés publics) ;
- en droit toujours, à part le prix, le délai et éventuellement les clauses de variation de prix, il n'existe plus vraiment de clauses obligatoires dans un marché public ou un accord-cadre (art. 17 et 18 du décret n° 2016-360 du 25 mars 2016 relatif aux marchés publics).

Le futur est donc à la simplicité et à la cohérence des pièces contractuelles. Dans ces conditions, on verra certainement peu à peu disparaître les notions d'acte d'engagement et de CCAP pour trouver celle de contrat portant clause particulière, contrat qui se référera éventuellement à des clauses générales.

Toutes les pièces doivent impérativement être rédigées par l'administration.

X • Pièces particulières

On va encore trouver trois cas de rédaction d'un marché :
- le cas traditionnel où le marché comportera un acte d'engagement, un CCAP, un CCTP ;
- le cas plus simple d'un acte d'engagement valant CCAP accompagné d'un CCTP ;

- le cas d'un acte d'engagement valant CCAP et CCTP, sachant que le terme même d'acte d'engagement qui n'existe plus devrait disparaître à terme.

Les documents particuliers, qu'on les appelle acte d'engagement ou non, sont la pièce maîtresse du marché car c'est à travers eux que le candidat présente son offre et va adhérer aux autres clauses du marché.

Quelles mentions doit-on faire figurer dans les pièces particulières ? Il n'y a pas de règles écrites sur ce point, mais le principe est que l'administration doit y intégrer les mentions qui lui paraissent substantielles, et notamment :
- l'identification des parties contractantes et leurs coordonnées ;
- l'objet du marché ;
- le prix de l'offre ou les modalités de sa détermination, sachant qu'en cas de marchés à prix unitaires, le prix fait l'objet d'un document à part que l'on appelle le bordereau des prix ;
- la durée d'exécution du marché ou les dates prévisionnelles de commencement et d'achèvement du marché ;
- la référence aux autres pièces contractuelles du marché (CCAG et CCTG notamment) ;
- les conditions de règlement et les délais de paiement, mais uniquement si ces derniers sont inférieurs aux délais maximums ;
- les avances autres que celles obligatoires prévues éventuellement ;
- les garanties prises, par exemple la retenue de garantie ;
- les pénalités éventuelles ;
- la date de signature du marché ;
- le comptable assignataire car ce renseignement peut être important pour les entreprises.

XI • Les documents donnés à titre indicatif

En plus du règlement de la consultation éventuel et du projet de marché, la collectivité peut transmettre à l'entreprise des documents indicatifs. Ils apportent une indication technique ou contextuelle à l'entreprise sur la situation d'un lieu (étude de sondage, plan cadastral...), sur les délais prévisionnels d'exécution (plannings prévisionnels)..., mais n'ont à terme aucune valeur contractuelle.

Le contenu de ces documents est aussi varié qu'il y a de documents.

Phase 4

Préinformation et publicité

La quatrième étape de la procédure consiste à porter la décision de passer un marché à la connaissance des entreprises.

Lorsque l'on veut travailler en temps caché, cette phase est mise en œuvre dès que le type d'allotissement est connu, avant même d'avoir réalisé le dossier de consultation des entreprises.

Le risque est toutefois que le dossier ne soit pas finalisé à temps...

I • La préinformation

La préinformation peut avoir deux buts dans un appel d'offres restreint :
- de manière traditionnelle, informer les entreprises de la décision de contracter en vue d'acheter un bien ou de faire effectuer une prestation de services ou de fournitures. Elle attire l'attention des entreprises sur les marchés à venir. Cet avis est purement indicatif. Il a aussi comme intérêt de pouvoir réduire dans certaines conditions les délais futurs de remise des offres ;
- de manière plus novatrice, dans les seules procédures restreintes et donc en appels d'offres restreints, cet avis de préinformation peut servir de « publicité de lancement de la procédure » sans qu'un avis d'appel public à la concurrence ne soit ensuite nécessaire.

Cette seconde solution est prévue par l'article 31 du décret n° 2016-360 du 25 mars 2016 relatif aux marchés publics. Il faut relever que l'avis de préinformation ne peut servir de « publicité de lancement » que si certaines conditions sont réunies :
- l'avis doit faire référence spécifiquement aux travaux, aux fournitures ou aux services qui feront l'objet du marché public à passer ;
- l'avis doit mentionner que le marché public sera passé selon une procédure d'appel d'offres restreint sans publication ultérieure d'un avis d'appel à la concurrence et doit inviter les opérateurs économiques intéressés à manifester leur intérêt ;
- l'avis a dû être envoyé pour publication entre trente-cinq jours et douze mois avant la date d'envoi de l'invitation à confirmer l'intérêt.

La préinformation s'effectue par le biais de la publication d'un avis de préinformation établi conformément au modèle fixé par le règlement de la Commission européenne.

Cet avis est publié au *JOUE* et n'a pas à être publié sur le profil acheteur de l'administration, même si le texte prévoit que cette possibilité existe « en plus » de la publicité obligatoire.

Article 31 du décret n° 2016-360 du 25 mars 2016 relatif aux marchés publics

« I.- Les pouvoirs adjudicateurs peuvent faire connaître leur intention de passer un marché public par le biais de la publication d'un avis de préinformation établi conformément au modèle fixé par le règlement de la Commission européenne établissant les formulaires standard pour la publication d'avis dans le cadre de la passation de marchés publics.

Cet avis peut être soit adressé pour publication à l'Office des publications officielles de l'Union européenne, soit publié par le pouvoir adjudicateur sur son profil d'acheteur. Le profil d'acheteur est la plateforme de dématérialisation permettant notamment aux acheteurs de mettre les documents de la consultation à disposition des opérateurs économiques par voie électronique et de réceptionner par voie électronique les documents transmis par les candidats et les soumissionnaires. Un arrêté du ministre chargé de l'Économie détermine les fonctionnalités et les exigences minimales qui s'imposent aux profils d'acheteur.

Lorsqu'un pouvoir adjudicateur publie l'avis de préinformation sur son profil d'acheteur, il envoie à l'Office des publications de l'Union européenne un avis annonçant la publication de cet avis. L'avis de préinformation n'est pas publié sur le profil d'acheteur avant l'envoi à l'Office des publications de l'Union européenne de l'avis annonçant sa publication sous cette forme. La date de cet envoi est mentionnée sur l'avis de préinformation publié sur le profil d'acheteur.

II.- Dans le cadre d'une procédure d'appel d'offres restreint ou d'une procédure concurrentielle avec négociation, à l'exception des autorités publiques centrales dont la liste est publiée au Journal officiel de la République française, *les pouvoirs adjudicateurs peuvent utiliser un avis de préinformation pour lancer un appel à la concurrence, à condition que l'avis remplisse les conditions suivantes :*

1° Il fait référence spécifiquement aux travaux, aux fournitures ou aux services qui feront l'objet du marché public à passer ;

2° Il mentionne que ce marché public sera passé selon une procédure d'appel d'offres restreint ou une procédure concurrentielle avec négociation sans publication ultérieure d'un avis d'appel à la concurrence et invite les opérateurs économiques intéressés à manifester leur intérêt ;

3° Il a été envoyé pour publication entre trente-cinq jours et douze mois avant la date d'envoi de l'invitation à confirmer l'intérêt.

De tels avis ne sont pas publiés sur un profil d'acheteur. Toutefois, une publication supplémentaire peut être réalisée sur un profil d'acheteur, dans les conditions de l'article 36.

La durée maximale de la période couverte par l'avis de préinformation est de douze mois à compter de la date de transmission de l'avis pour publication. »

II • La publicité

La publicité préalable aux marchés publics, l'avis d'appel public à la concurrence selon la terminologie officielle, mais aussi « l'avis de marché » en droit européen, n'est obligatoire que si l'administration ne s'est pas servie de l'avis de préinformation comme moyen de publicité pour lancer la procédure (avis de préinformation valant AAPC).

Pour la publicité des procédures formalisées et donc pour l'appel d'offres restreint, plusieurs points nous paraissent importants :
- l'article 33 du décret n° 2016-360 du 25 mars 2016 relatif aux marchés publics prévoit une double publicité dans le *BOAMP* et dans le *JOUE* ;
- cette publicité doit être conforme à un modèle type standard ;
- une autre publicité est possible sur un autre support, elle peut ne comporter que certains des renseignements de la publicité « obligatoire » si elle « renvoie » sur la publicité officielle ;
- l'acheteur peut faire paraître une publicité supplémentaire sur un autre support. La publicité supplémentaire peut ne comporter que certains des renseignements figurant dans l'avis de marché publié à titre principal à condition qu'elle indique les références de cet avis.

Article 33 du décret n° 2016-360 du 25 mars 2016 relatif aux marchés publics

« Pour les marchés publics passés selon une des procédures formalisées énumérées aux articles 25 et 26 :
1° L'État, ses établissements publics autres qu'à caractère industriel et commercial, les collectivités territoriales, leurs établissements publics et leurs groupements publient un avis de marché dans le Bulletin officiel des annonces des marchés publics *et au* Journal officiel de l'Union européenne *;*
2° Les autres acheteurs publient un avis de marché au Journal officiel de l'Union européenne.
II.- L'avis est établi conformément au modèle fixé par le règlement de la Commission européenne établissant les formulaires standard pour la publication d'avis dans le cadre de la passation de marchés publics.
III.- L'acheteur peut faire paraître une publicité supplémentaire sur un autre support. La publicité supplémentaire peut ne comporter que certains des renseignements figurant dans l'avis de marché publié à titre principal à condition qu'elle indique les références de cet avis. »

Pour ce qui est des délais de remise des candidatures, plusieurs points sont à retenir :

- de manière générale, et aux termes de l'article 43 du décret n° 2016-360 du 25 mars 2016 relatif aux marchés publics, le délai de remise des candidatures doit être suffisant au regard de la complexité du marché public et du temps nécessaire aux opérateurs économiques pour préparer leur candidature ;
- de manière particulière et en tout état de cause, les délais ne peuvent être inférieurs aux délais minimaux propres à chaque procédure ;
- pour la procédure d'appel d'offres restreint, le délai minimum que doit laisser l'acheteur aux opérateurs économiques pour se porter candidats est de trente jours à compter de l'envoi de l'avis de marché (15 jours à compter de l'invitation à confirmer l'intérêt lorsque la publicité préalable est uniquement l'avis de préinformation) ;
- en cas d'urgence justifiée, le délai peut être réduit à 15 jours.

Article 43 du décret n° 2016-360 du 25 mars 2016 relatif aux marchés publics

« I.- L'acheteur fixe les délais de réception des candidatures et des offres en tenant compte de la complexité du marché public et du temps nécessaire aux opérateurs économiques pour préparer leur candidature et leur offre.
En procédure formalisée, ces délais ne peuvent être inférieurs aux délais minimaux propres à chaque procédure décrite aux articles 66 à 76 et, lorsque certains documents de la consultation ne sont pas publiés sur un profil d'acheteur pour l'une des raisons mentionnées au II de l'article 39, le délai minimal de réception des offres est augmenté de cinq jours, sauf urgence dûment justifiée.
(...) IV.- Les candidatures et les offres reçues hors délai sont éliminées. »

Article 69 du décret n° 2016-360 du 25 mars 2016 relatif aux marchés publics

« Les délais minimaux de réception des candidatures sont :
1° Pour les pouvoirs adjudicateurs, de trente jours à compter de la date d'envoi de l'avis de marché ou, lorsque l'appel à la concurrence est effectué au moyen d'un avis de préinformation, à compter de la date d'envoi de l'invitation à confirmer l'intérêt. Lorsqu'une situation d'urgence, dûment justifiée, rend ce délai minimal impossible à respecter, le pouvoir adjudicateur peut fixer un délai de réception des candidatures qui ne peut être inférieur à quinze jours à compter de la date d'envoi de l'avis de marché ou de l'invitation à confirmer l'intérêt ;
2° Pour les entités adjudicatrices, de quinze jours à compter de la date d'envoi de l'avis de marché ou de l'invitation à confirmer l'intérêt. »

On devra être extrêmement méfiant et n'utiliser le délai minimum de remise des candidatures qu'avec beaucoup de parcimonie.

Les délais de remise des candidatures sont par ailleurs ce que l'on appelle des « délais de rigueur » et non des délais indicatifs. L'administration est dans l'obligation d'éliminer la candidature d'une entreprise remise en dehors des délais.

La computation des délais

L'administration compute souvent très mal les délais (le terme de « computer » est le terme juridique pour le calcul des délais). Le juge administratif utilise les règles du Code de procédure civile. De manière pratique, le point de départ du délai est le lendemain du jour de l'envoi de la publicité. L'administration doit ensuite laisser autant de fois vingt-quatre heures aux candidats qu'elle laisse de jours pour remettre une offre. Par exemple, si l'administration a la preuve de la remise d'un avis d'appel public à la concurrence le 1er juillet, un délai de 30 jours part à compter du 2 juillet et court donc jusqu'au 31 juillet à minuit. Si l'administration indique le 31 juillet à 16 heures comme date limite de remise des candidatures (ce qui est souvent le cas), on s'aperçoit que, sauf à fermer à minuit, le délai aura été de 29 fois vingt-quatre heures et une fois moins de vingt-quatre heures ! Dès lors, c'est bien le 1er août qui doit être indiqué comme date limite de remise des candidatures.

Phase 5

Remise des candidatures

Les entreprises intéressées par le marché doivent remettre leur candidature. Il faut se poser la question de la forme de la remise et des documents à remettre.

I • La forme de la remise

Pour ce qui est de la forme de la remise, l'entreprise devait traditionnellement transmettre sa candidature par tout moyen permettant de déterminer de façon certaine la date et l'heure de sa réception.
L'arrivée du « tout électronique » bouleverse bien sûr toutes ces certitudes.

Il faut rappeler que la remise électronique des documents par l'administration comme par les entreprises, puisque le texte vise les échanges, est la règle aux termes de l'article 43 de l'ordonnance n° 2015-899 du 23 juillet 2015 relative aux marchés publics.
Il existe toutefois des mesures transitoires jusqu'au 1er avril 2017 pour les centrales d'achat et du 1er octobre 2018 pour les autres acheteurs.

Avant le 1er octobre 2018 (sauf pour les centrales d'achat), les règles sont les suivantes :

- les entreprises doivent toujours pouvoir transmettre leurs candidatures sous forme électronique et les renseignements nécessaires à cette remise doivent donc être indiqués dès la mise en concurrence. En d'autres termes, l'acheteur ne peut refuser aux entreprises l'accès à la remise électronique de leur candidature ;
- l'administration peut imposer la remise électronique des candidatures mais n'est pas obligée de le faire ;
- pour les marchés de matériels informatiques et les marchés publics de services informatiques supérieurs à 90 000 euros HT, les candidatures sont obligatoirement transmises par voie électronique ;
- lorsqu'un moyen de remise est utilisé, il doit ensuite être utilisé pendant toute la procédure ;
- l'acheteur doit indiquer dans les documents de la consultation les moyens de remise des candidatures disponibles.

On commençait à voir dès 2015 des acheteurs qui imposaient la remise électronique. Ce mouvement devrait s'amplifier jusqu'à ce que cette remise électronique devienne en tout état de cause obligatoire.

Après le 1er octobre 2018 (sauf pour les centrales d'achat), les règles sont les suivantes :

- les entreprises doivent sauf exceptions transmettre leurs candidatures sous forme électronique et les renseignements nécessaires à cette remise doivent donc être indiqués dès la mise en concurrence. En d'autres termes, les entreprises sont obligées de remettre leurs candidatures sous forme électronique ;
- les entreprises peuvent toutefois transmettre sous forme classique une copie de secours ;
- par exception à cette règle, la transmission électronique n'est pas exigée dans un certain nombre de cas qui à notre sens concernent plus l'offre que la candidature. Toutefois, ces cas s'appliquent aussi à la candidature puisqu'un même mode de transmission doit être utilisé pendant toute une procédure ;
- le texte vise les cas suivants :
  * lorsque la transmission électronique aurait ou pourrait avoir pour effet de restreindre la concurrence. Il en est notamment ainsi lorsque les applications « logiciels », les outils d'impression, les formats, les équipements de bureau nécessaires ne sont pas communément disponibles ;
  * lorsque l'acheteur a demandé des maquettes ou autres objets matériels ;
  * lorsque cette communication peut poser des problèmes de confidentialité.

Lorsque la communication électronique sera écartée, l'acheteur devra se justifier dans le rapport de présentation (pouvoir adjudicateur) ou devra garder cette justification (entités adjudicatrices).

II • Les documents à remettre

À la question : quels sont les documents remis par l'entreprise avec sa candidature, on pourrait répondre simplement : ceux demandés par l'administration.

En effet, c'est l'acheteur qui décide, dans la limite des possibilités que lui laisse le droit, des documents et renseignements à remettre. Il s'agit donc d'une question à se poser au moment de la rédaction du dossier de consultation des entreprises et non à la phase de remise des candidatures.

On doit toutefois relever, au niveau de la candidature, que l'opérateur économique peut se porter candidat :
- soit en remettant les documents demandés ;
- soit, si l'acheteur l'accepte (et même de plein droit à compter du 1er avril 2018), sous la forme d'un document unique de marché européen (DUME) qui est un document type européen. Dans ce cas, l'acheteur doit indiquer lors de la mise en concurrence si le candidat peut simplement remettre le DUME indiquant qu'il dispose de l'aptitude et des capacités requises sans fournir d'informations particulières sur celles-ci. En l'absence d'une telle mention, cette faculté n'est pas autorisée ;
- soit en faisant savoir qu'un DUME précédent déjà remis est encore valable ;
- soit en faisant savoir que les documents justificatifs et moyens de preuve demandés peuvent être obtenus directement par le biais d'un système électronique de mise à disposition d'informations administré par un organisme officiel ou d'un espace de stockage numérique, à condition que figurent dans le dossier de candidature toutes les informations nécessaires à la consultation de ce système ou de cet espace et que l'accès à ceux-ci soit gratuit ;
- soit en faisant savoir que tout ou partie des documents demandés ont été transmis lors d'une procédure précédente si l'acheteur le permet (de plein droit à compter du 1er octobre 2018) ;
- soit en faisant savoir qu'ils ont été certifiés dans un État membre de l'Union, cette certification valant présomption de capacité.

On doit aussi relever qu'un candidat peut démontrer qu'il a lui tout seul l'ensemble des capacités nécessaires, mais il peut aussi avoir recours aux capacités d'autres opérateurs économiques, et ce quelle que soit la nature juridique des liens qui l'unissent à ces opérateurs. En d'autres termes, l'entreprise n'est pas obligatoirement un cotraitant ou un sous-traitant. Il doit en revanche prouver par tout moyen qu'il pourra disposer des moyens humains et/ou matériels de cet opérateur à tout moment du marché.

Sur ce point, il faut relever que la Cour de justice de l'Union a sanctionné l'obligation qu'avait donnée un acheteur dans ce cadre de conclure un contrat de partenariat ou de créer une société en participation en cas d'obtention du marché (CJUE, Affaire C-234/14, 14 janvier 2016).

Phase 6

Sélection des candidats et mise en concurrence

Dans les délais prévus par la publicité préalable ou l'invitation à confirmer l'intérêt pour le marché (lorsque l'acheteur utilise comme publicité préalable l'avis d'information), les candidatures sont remises dans les formes prescrites et avec les documents demandés.

S'engage alors la phase de sélection des candidats et de mise en concurrence des candidats sélectionnés.

I • La sélection des candidats

De manière traditionnelle, la sélection des candidats s'effectuait en deux étapes :

- dans un premier temps, les services de l'acheteur ou un prestataire extérieur vont analyser les candidatures et synthétiser par écrit leur position (document que l'on appelle le plus souvent le procès-verbal d'analyse des candidatures) ;
- dans un second temps, la commission d'appel d'offres pour les collectivités locales, ou le représentant de l'administration pour les autres acheteurs publics, devait sélectionner les candidatures, notamment en prenant en compte le rapport d'analyse.

Il apparaît à la lecture des textes que la commission d'appel d'offres n'a plus à se réunir au niveau de la sélection des candidatures. En effet, l'ordonnance de 2015 comme son décret d'application de 2016 ne font pas état de la commission d'appel d'offres. Cette dernière n'apparaît que dans le Code général des collectivités territoriales pour ce qui est de son rôle et de sa composition. Or, l'article L.1414-2 de ce Code précise que : « *Pour les marchés publics (...), le titulaire est choisi par une commission d'appel d'offres composée conformément aux dispositions de l'article L.1411-5.* »

S'il paraît évident que la commission doit intervenir au niveau du choix, il nous semble tout autant évident que le texte ne lui donne aucun rôle au niveau de la sélection des candidatures.
Cette approche nous paraît par ailleurs conforme au droit général qui donne à « l'exécutif » de chaque collectivité locale le pouvoir de préparer le futur choix de ses assemblées.

Le pouvoir de sélectionner appartient donc dans les collectivités locales à leurs représentants légaux qui vont le plus souvent s'entourer des compétences de leurs services, voire d'un prestataire extérieur.

Il nous semble que le travail de sélection devrait s'effectuer en plusieurs étapes :
- dans une première étape, constater les candidatures arrivées hors délais et décider de les éliminer ;
- dans une seconde étape, vérifier que les candidatures restantes sont régulières sur la forme (contiennent bien tous les documents exigés) ;
- dans un dernier temps, analyser les candidatures pour sélectionner les entreprises qui paraissent le mieux à même de réaliser le marché au vu de leurs capacités financières, techniques et professionnelles et des critères de capacité indiqués dès le début de la procédure.

Il serait très opportun de rédiger un procès-verbal de ces opérations de sélection, procès-verbal qui devrait être signé par le représentant légal de la collectivité locale ou par un élu ayant formellement une délégation de pouvoir dans ce domaine.

II • Les possibilités de rattrapage

De manière classique, les acheteurs publics ont depuis très longtemps le pouvoir de « rattraper » une entreprise si sa candidature est incomplète. Cette possibilité reste dans les textes nouveaux. Elle est maintenant prévue à l'article 55 du décret d'application de l'ordonnance.

Article 55 du décret n° 2016-360 du 25 mars 2016 relatif aux marchés publics

« *I.- L'acheteur qui constate que des pièces ou informations dont la présentation était réclamée au titre de la candidature sont absentes ou incomplètes peut demander à tous les candidats concernés de compléter leur dossier de candidature dans un délai approprié et identique pour tous.* »

Il faut donc prendre en compte que le « rattrapage » d'une entreprise au niveau de la candidature est possible mais pas obligatoire. L'acheteur décide librement de l'opportunité ou non de le faire, à notre sens notamment au regard du nombre de candidatures remises et aux délais qu'il a à sa disposition.

III • La mise en concurrence des candidats sélectionnés

Une fois la sélection effectuée et formalisée, il appartient à l'acheteur de mettre en concurrence les entreprises sélectionnées.

Il est nécessaire de s'interroger sur la forme de la mise en concurrence et sur les délais à laisser aux entreprises pour remettre leur offre.
En cas d'appel d'offres restreint, l'invitation comprend au minimum les six informations minimums prévues à l'article 56 du décret n° 2016-360 du 25 mars 2016 relatif aux marchés publics.

Les deux « vraies » informations qui sont données aux entreprises en pratique sont :
- l'information comme quoi elle a été sélectionnée ;
- l'information de l'entreprise sur les moyens d'obtenir sur le profil acheteur les documents de la consultation.

Article 56 du décret n° 2016-360 du 25 mars 2016 relatif aux marchés publics

« L'acheteur invite simultanément et par écrit les candidats admis à soumissionner ou à participer au dialogue.
En cas d'appel d'offres restreint, de procédure concurrentielle avec négociation, de procédure négociée avec mise en concurrence préalable ou de dialogue compétitif, l'invitation comprend au minimum les informations suivantes :
1° La référence de l'avis d'appel à la concurrence publié ;
2° La date limite de réception des offres, l'adresse à laquelle les offres doivent être transmises et la ou les langues autorisées pour leur présentation. Toutefois, dans le cas du dialogue compétitif, ces renseignements ne figurent pas dans l'invitation à participer au dialogue mais dans l'invitation à remettre une offre finale ;
3° Dans le cas du dialogue compétitif, la date et le lieu du dialogue ainsi que la ou les langues utilisées ;
4° La liste des documents à fournir ;
5° La pondération ou la hiérarchisation des critères d'attribution du marché public si ces renseignements ne figurent pas dans les documents de la consultation ;
6° L'adresse du profil d'acheteur sur lequel les documents de la consultation sont mis à disposition des candidats. Lorsque les documents de la consultation ne sont pas mis à disposition sur un profil d'acheteur, pour l'un des motifs énoncés au II de l'article 41, ni par d'autres moyens, ils sont joints à l'invitation. »

Il faut relever que de manière très puriste il ne faudrait pas parler de « DCE » comme on le fait souvent mais « des documents de la consultation » puisqu'il s'agit du terme officiel utilisé par le texte.

Article 38 du décret n° 2016-360 du 25 mars 2016 relatif aux marchés publics

« Les documents de la consultation sont l'ensemble des documents fournis par l'acheteur ou auxquels il se réfère afin de définir ses besoins et de décrire les modalités de la procédure de passation, y compris l'avis d'appel à la concurrence. Les informations fournies sont suffisamment précises pour permettre aux opérateurs économiques de déterminer la nature et l'étendue du besoin et de décider de demander ou non à participer à la procédure. »

Pour faire simple, le dossier de consultation est similaire à celui transmis dans un appel d'offres ouvert. La seule différence, si un règlement de la consultation existe, est que ce règlement peut déjà être à la disposition des entreprises sélectionnées si l'acheteur a eu la stratégie de réaliser un RC commun à la candidature et à l'offre, document visible et téléchargeable sur le profil acheteur. En revanche, si la stratégie a été de réaliser un RC uniquement pour la phase « offre », c'est bien sûr ce règlement qui sera transmis aux entreprises sélectionnées mises en concurrence.

Pour ce qui est des délais de remise des offres à imposer aux candidats sélectionnés, les textes disposent que le délai de droit commun est de trente jours à compter de la date d'envoi de l'invitation à soumissionner. Le délai peut être ramené à 25 jours si les offres sont ou peuvent être transmises par voie électronique, ce qui va d'ailleurs devenir « la norme ».

En cas d'urgence qui rend le délai minimal impossible à respecter, le pouvoir adjudicateur peut fixer un délai de réception des offres qui ne peut être inférieur à 10 jours à compter de la date d'envoi de l'invitation à soumissionner.
Le délai peut être ramené sous certaines conditions à 10 jours si le pouvoir adjudicateur a publié un avis de préinformation qui n'a pas été utilisé comme avis d'appel à la concurrence.
Les entités adjudicatrices peuvent pour leur part fixer la date limite de réception des offres d'un commun accord avec les candidats sélectionnés, à condition que cette date soit la même pour tous et avec un délai minimal de 10 jours en cas de désaccord.

Phase 7

Remise et analyse des offres

Dans les délais et sous la forme prescrits par l'acheteur, le candidat sélectionné remet une offre.
Il appartient ensuite à des « techniciens » internes ou externes à la collectivité de les analyser.
Le choix est ensuite effectué par la CAO, mais pour les seules collectivités locales.

I • La remise des offres

L'entreprise devait traditionnellement transmettre son offre par tout moyen permettant de déterminer de façon certaine la date et l'heure de sa réception et de garantir la confidentialité.

L'entreprise qui envoie l'offre devait donc pouvoir prouver que l'administration avait bien reçu son pli dans les délais. Dès lors, tout mode de transmission ne faisant pas intervenir de récépissé devait être écarté.

L'arrivée du « tout électronique » bouleverse bien sûr toutes ces données. Il faut rappeler que la remise électronique des documents par l'administration comme par les entreprises est obligatoire aux termes de l'article 43 de l'ordonnance n° 2015-899 du 23 juillet 2015 relative aux marchés publics.

Il existe toutefois des mesures transitoires jusqu'au 1er avril 2017 pour les centrales d'achat et du 1er octobre 2018 pour les autres acheteurs.

Avant le 1er octobre 2018 (sauf pour les centrales d'achat), les règles sont les suivantes :
- les entreprises doivent toujours pouvoir transmettre leurs offres sous forme électronique et les renseignements nécessaires à cette remise doivent donc être indiqués dès la mise en concurrence. En d'autres termes, l'acheteur ne peut refuser aux entreprises l'accès à la remise électronique ;
- l'administration peut imposer la remise électronique des offres mais n'est pas obligée de le faire ;
- pour les marchés de matériels informatiques et les marchés publics de services informatiques supérieurs à 90 000 euros HT, les offres sont obligatoirement transmises par voie électronique ;
- lorsqu'un moyen de remise est utilisé, il doit ensuite être utilisé pendant toute la procédure ;

- l'acheteur doit indiquer dans les documents de la consultation les moyens de remise des offres disponibles.

Après le 1er octobre 2018 (sauf pour les centrales d'achat), les règles sont les suivantes :

- les entreprises doivent sauf exceptions transmettre leurs offres sous forme électronique et les renseignements nécessaires à cette remise doivent donc être indiqués dès la mise en concurrence. En d'autres termes, les entreprises sont obligées de remettre leurs offres sous forme électronique ;
- les entreprises peuvent toutefois transmettre sous forme classique une copie de secours ;
- par exception à cette règle, la transmission électronique n'est pas exigée lorsque la transmission électronique aurait ou pourrait avoir pour effet de restreindre la concurrence. Il en est notamment ainsi lorsque les applications « logiciels », les outils d'impression, les formats, les équipements de bureau nécessaires ne sont pas communément disponibles ;
- par exception à cette règle aussi, la transmission électronique n'est pas exigée lorsque l'acheteur a demandé des maquettes ou autres objets matériels ;
- par exception à cette règle enfin, la transmission électronique n'est pas exigée lorsque cette communication peut poser des problèmes de confidentialité ;
- lorsque la communication électronique sera écartée, l'acheteur devra se justifier dans le rapport de présentation (pouvoir adjudicateur) ou devra garder cette justification (entités adjudicatrices).

Il faut aussi rappeler que, aux termes de l'article 57 du décret n° 2016-360 du 25 mars 2016 relatif aux marchés publics, l'offre est dans les cas les plus fréquents remise en une seule fois. Toutefois, si plusieurs offres sont successivement transmises par un même soumissionnaire, seule est ouverte la dernière offre reçue par l'acheteur (si elle est reçue dans le délai fixé pour la remise des offres).

Article 40 du décret n° 2016-360 du 25 mars 2016 relatif aux marchés publics

« I.- Sous réserve de l'article 41, dans toutes les procédures de passation des marchés publics, les communications et les échanges d'informations effectués en application du présent décret peuvent être effectués par voie électronique.

Le mode de transmission est indiqué dans l'avis d'appel à la concurrence ou, en l'absence d'un tel avis, dans les documents de la consultation.

Pour chaque étape de la procédure, les candidats et soumissionnaires appliquent le même mode de transmission à l'ensemble des documents qu'ils transmettent à l'acheteur.

L'acheteur peut imposer la transmission des candidatures et des offres par voie électronique.
II.- Pour les marchés publics passés par l'État, ses établissements publics autres que ceux ayant un caractère industriel et commercial, les collectivités territoriales, leurs établissements publics et leurs groupements, les dispositions suivantes s'appliquent :
1° L'acheteur ne peut refuser de recevoir les candidatures et les offres transmises par voie électronique ;
2° Pour les marchés publics de fournitures de matériels informatiques et les marchés publics de services informatiques répondant à un besoin dont la valeur estimée est égale ou supérieure à 90 000 euros HT, les candidatures et les offres sont transmises par voie électronique. »

Article 41 du décret n° 2016-360 du 25 mars 2016 relatif aux marchés publics

« I.- Toutes les communications et tous les échanges d'informations sont effectués par des moyens de communication électronique lorsqu'une consultation est engagée ou un avis d'appel à la concurrence envoyé à la publication à compter du 1er avril 2017 pour les centrales d'achat et du 1er octobre 2018 pour les autres acheteurs.
Un moyen de communication électronique est un équipement électronique de traitement, y compris la compression numérique, et de stockage de données diffusées, acheminées et reçues par fils, par radio, par moyens optiques ou par d'autres moyens électromagnétiques.
II.- Toutefois, l'acheteur n'est pas tenu d'exiger l'utilisation de moyens de communication électronique dans les cas suivants :
1° Pour les marchés publics mentionnés à l'article 30 et répondant à un besoin dont la valeur estimée est inférieure aux seuils de procédure formalisée ;
2° Pour les marchés publics de services sociaux et autres services spécifiques mentionnés à l'article 28 ;
3° Lorsque, en raison de la nature particulière du marché public, l'utilisation de moyens de communication électroniques nécessiterait des outils, des dispositifs ou des formats de fichiers particuliers qui ne sont pas communément disponibles ou pris en charge par des applications communément disponibles ;
4° Lorsque les applications prenant en charge les formats de fichier adaptés à la description des offres utilisent des formats de fichiers qui ne peuvent être traités par aucune autre application ouverte ou communément disponibles ou sont soumises à un régime de licence propriétaire et ne peuvent être mises à disposition par téléchargement ou à distance par l'acheteur ;
5° Lorsque l'utilisation de moyens de communication électroniques nécessiterait un équipement de bureau spécialisé dont les acheteurs ne disposent pas communément ;
6° Lorsque les documents de la consultation exigent la présentation de maquettes, de modèles réduits, de prototypes ou d'échantillons qui ne peuvent être transmis par voie électronique ;
7° Lorsque l'utilisation d'autres moyens de communication que les moyens électroniques est nécessaire en raison soit d'une violation de la sécurité des moyens de communication électroniques, soit du caractère particulièrement sensible des informations qui exigent un degré de protection extrêmement élevé ne pouvant pas être assuré convenablement par l'utilisation d'outils et de dispositifs électroniques dont disposent communément les opérateurs économiques ou qui peuvent être mis à leur disposition par d'autres moyens d'accès au sens du IV de l'article 42.

Les pouvoirs adjudicateurs indiquent les raisons pour lesquelles ils ont exigé d'autres moyens de communication que des moyens électroniques dans le rapport de présentation mentionné à l'article 105. Pour les entités adjudicatrices, cette information figure parmi les documents conservés en application de l'article 106.
III.- Les candidats et soumissionnaires qui transmettent leurs documents par voie électronique peuvent adresser à l'acheteur, sur support papier ou sur support physique électronique, une copie de sauvegarde de ces documents établie selon des modalités fixées par arrêté du ministre chargé de l'Économie. »

II • Les documents remis par les entreprises

À la question : quels sont les documents remis par l'entreprise avec son offre, on pourrait répondre simplement : ceux demandés par l'administration.

En effet, c'est l'acheteur qui décide, dans la limite des possibilités que lui laisse le droit, des documents et renseignements à remettre. Il s'agit donc d'une question à se poser au moment de la rédaction du dossier de consultation des entreprises et non à la phase de remise des offres.

De manière générale, les documents demandés pour l'offre sont le projet de marché signé, sachant que traditionnellement seul l'acte d'engagement était demandé signé (demain la pièce particulière du marché ?), ainsi que les documents indispensables pour juger de l'offre, mémoire technique, fiches produits, etc.

III • La stratégie à mettre en œuvre

Au regard des textes actuels, plusieurs stratégies sont possibles au niveau de l'analyse des offres.

En premier lieu, il sera nécessaire de s'interroger sur les personnes qui vont avoir le travail d'analyser les offres. Trois grandes solutions existent en théorie :
- l'analyse est effectuée exclusivement par les services de l'administration ;
- l'analyse est exclusivement effectuée par un ou plusieurs prestataires extérieurs, ce cas étant très fréquent en marchés de travaux où le maître d'œuvre a souvent ce rôle ;

- l'analyse est exclusivement effectuée par la commission elle-même, ce qui ne nous paraît bien entendu pas raisonnable mais possible.

Les solutions peuvent se « combiner », par exemple un travail commun entre le prestataire extérieur et les services de la collectivité publique.

En second lieu, beaucoup s'interrogent sur la possibilité de laisser un prestataire extérieur, voire les services, analyser les offres sans que le pouvoir adjudicateur n'ait préalablement vérifié et enregistré les pièces remises. Ainsi, on voit certaines collectivités locales réunir la « CAO » avant de remettre les dossiers à un prestataire extérieur, commission qui a le rôle purement administratif d'enregistrer le contenu des offres, notamment les prix, avant de remettre les dossiers aux personnes qui doivent l'analyser.

Cette pratique nous paraît très lourde et par ailleurs deviendra totalement obsolète lorsque la remise des documents sera obligatoirement faite par voie électronique puisque, dans ce cas, il reste une trace tangible et certaine des documents remis.

IV • Réunion de la commission d'appel d'offres

Sauf si l'administration veut aller au delà des textes, la commission ne se réunit qu'une seule fois en ayant à sa disposition l'ensemble des éléments, notamment les documents remis par les entreprises et le rapport effectué par les services ou un prestataire extérieur, pour faire son choix.

Aux termes de l'article 52 de l'ordonnance n° 2015-899 du 23 juillet 2015 relative aux marchés publics, son rôle est à titre principal de faire le choix de l'offre économiquement la plus intéressante sur la base du ou des critères prédéfinis.

La commission semble avoir le pouvoir de choisir le titulaire alors que, traditionnellement, le choix du titulaire appartient soit à l'assemblée délibérante, soit à l'exécutif, la commission n'ayant que le pouvoir de classer les offres. En effet, l'article L.1414-2 du Code général des collectivités territoriales dispose que « *le titulaire est choisi par une commission d'appel d'offres* ». Il s'agit bien d'un choix, mais la pratique des collectivités locales n'est pas là aujourd'hui.

Par ailleurs, en cas d'urgence impérieuse, la commission d'appel d'offres n'est pas obligatoire.
Enfin, la CAO peut valablement se réunir en visioconférence.

Il nous semble que la commission devrait travailler en plusieurs étapes :
- dans une première étape, elle devrait constater les offres arrivées hors délais et décider de les éliminer ;
- dans une seconde étape, vérifier que les offres restantes sont régulières, acceptables et appropriées ;
- dans un troisième temps, décider si elle a bien l'ensemble des éléments qui lui sont nécessaires et, le cas échéant, décider de surseoir à statuer pour demander aux entreprises de compléter ou expliciter leurs offres et/ou demander aux services ou aux prestataires extérieurs des compléments d'analyse. Elle se réunit alors une seconde fois pour effectuer son travail au regard des éléments nouveaux en sa possession ;
- dans un quatrième temps, décider éventuellement que certaines offres sont anormalement basses et les « éliminer ». Sur ce point, la pratique est le plus souvent que les renseignements qui doivent être demandés obligatoirement aux entreprises le sont au niveau de l'analyse des offres. La commission a donc ces renseignements complémentaires pour faire son choix ;
- dans un cinquième temps, de classer les offres au regard des critères de choix arrêtés.

V • Les possibilités de rattrapage

De manière classique, les acheteurs publics ont depuis très longtemps le pouvoir de « rattraper » une entreprise si sa candidature est incomplète. Le caractère novateur des textes applicables depuis le 1er avril est de permettre aussi un tel « rattrapage » au niveau de l'offre.

L'article 59 du décret n° 2016-360 du 25 mars 2016 relatif aux marchés publics précise en effet que l'acheteur peut autoriser tous les soumissionnaires concernés à régulariser les offres irrégulières dans un délai approprié, à condition qu'elles ne soient pas anormalement basses. La régularisation des offres irrégulières ne peut avoir pour effet de modifier des caractéristiques substantielles des offres.

Il faut donc prendre en compte que :

- le « rattrapage » d'une entreprise au niveau de l'offre est possible mais pas obligatoire. L'acheteur décide librement de l'opportunité ou non de le faire, à notre sens notamment au regard du nombre d'offres remises et aux délais qu'il a à sa disposition ;
- il est impossible de « rattraper » une offre considérée comme anormalement basse ;
- la régularisation ne peut pas permettre de modifier substantiellement les caractéristiques d'une offre. Il existera bien entendu beaucoup de débats, et à terme de jurisprudences sur la limite entre une modification des caractéristiques substantielles et une modification qui ne l'est pas.

Une question qui peut se poser est de savoir qui effectue le « rattrapage ». Peut-il être fait dès la phase d'analyse des offres par les services ou un prestataire extérieur ? Doit-il être décidé par la seule commission ?

Nous penchons pour notre part pour la première solution et, pour des raisons juridiques, que le courrier transmis aux entreprises soit signé par l'exécutif ou un élu ayant une délégation de pouvoir.

Article 59 du décret n° 2016-360 du 25 mars 2016 relatif aux marchés publics

« I.- L'acheteur vérifie que les offres qui n'ont pas été éliminées en application du IV de l'article 43 sont régulières, acceptables et appropriées.
Une offre irrégulière est une offre qui ne respecte pas les exigences formulées dans les documents de la consultation notamment parce qu'elle est incomplète, ou qui méconnaît la législation applicable notamment en matière sociale et environnementale.
Une offre inacceptable est une offre dont le prix excède les crédits budgétaires alloués au marché public tels qu'ils ont été déterminés et établis avant le lancement de la procédure.
Une offre inappropriée est une offre sans rapport avec le marché public parce qu'elle n'est manifestement pas en mesure, sans modification substantielle, de répondre au besoin et aux exigences de l'acheteur formulés dans les documents de la consultation.
II.- Dans les procédures d'appel d'offres et les procédures adaptées sans négociation, les offres irrégulières, inappropriées ou inacceptables sont éliminées. Toutefois, l'acheteur peut autoriser tous les soumissionnaires concernés à régulariser les offres irrégulières dans un délai approprié, à condition qu'elles ne soient pas anormalement basses.
III.- Dans les autres procédures, les offres inappropriées sont éliminées. Les offres irrégulières ou inacceptables peuvent devenir régulières ou acceptables à l'issue de la négociation ou du dialogue, à condition qu'elles ne soient pas anormalement basses.
Lorsque la négociation ou le dialogue a pris fin, les offres qui demeurent irrégulières ou inacceptables sont éliminées. Toutefois, l'acheteur peut autoriser tous les soumissionnaires concernés à régulariser les offres irrégulières dans un délai approprié, à condition qu'elles ne soient pas anormalement basses.
IV.- La régularisation des offres irrégulières ne peut avoir pour effet de modifier des caractéristiques substantielles des offres. »

Qui arrête les critères de choix ?

Il est très fréquent que les critères de choix soient arrêtés au sein des services de l'administration. Il nous semble que ces critères sont un choix stratégique et que les élus devraient au moins être entendus sur leurs souhaits.
Nous connaissons des collectivités locales où la commission d'appel d'offres a deux rôles lorsqu'elle se réunit :
- dans un premier temps, elle décide des critères et de leurs pondérations pour les marchés qui vont être lancés ;
- dans un second temps, elle effectue son travail classique, mais sur la base de critères qu'elle a préalablement arrêtés.

Une telle pratique nous paraît particulièrement intéressante.

VI • La composition de la commission d'appel d'offres

En 2008, les commissions d'appel d'offres ont été supprimées pour les achats de l'État.

Dans les nouveaux textes :
- la commission d'appel d'offres est définie dans le seul Code général des collectivités locales ;
- la commission d'appel d'offres a été supprimée pour les établissements publics sociaux ou médico-sociaux ;
- la commission d'appel d'offres est aussi définie dans le Code général des collectivités territoriales pour les groupements d'achat.

Le texte renvoie sur l'article L.1414-2 du Code général des collectivités territoriales pour ce qui est de la composition de la commission. Il nous paraît évident que seul le II de cet article est applicable par renvoi.

On peut dire que la composition de la CAO est issue directement de l'article 34 de la loi d'orientation n° 92-125 du 6 février 1992 relative à l'administration territoriale de la République. On se rappelle que ce texte apportait une modification de fond dans les commissions, ces dernières étant élues et non plus désignées. Par ailleurs, dès lors qu'il y a élection, l'opposition a sa place en leur sein.

Le droit commun de la commission est :
- une présidence exercée par le représentant de l'assemblée délibérante. Il a voix prépondérante en cas de partage des voix. Par ailleurs, il peut toujours se faire représenter ;
- des membres de l'assemblée délibérante élus à la proportionnelle au plus fort reste. Le nombre d'élus est de 3 ou 5 (selon l'importance de la personne publique) ;
- le comptable public et un représentant de la concurrence mais uniquement s'ils sont invités ;
- des personnalités ou des agents de la collectivité locale lorsqu'ils sont invités.

Par ailleurs, le texte précise que des suppléants sont élus.

Article L.1414-2 du Code général des collectivités territoriales
« Pour les marchés publics dont la valeur estimée hors taxe est égale ou supérieure aux seuils européens mentionnés à l'article 42 de l'ordonnance susmentionnée, à l'exception des marchés publics passés par les établissements publics sociaux ou médico-sociaux, le titulaire est choisi par une commission d'appel d'offres composée conformément aux dispositions de l'article L.1411-5. Toutefois, en cas d'urgence impérieuse, le marché public peut être attribué sans réunion préalable de la commission d'appel d'offres.
Les délibérations de la commission d'appel d'offres peuvent être organisées à distance dans les conditions de l'ordonnance du 6 novembre 2014 susvisée. »

Article L.1414-3 du Code général des collectivités territoriales
« I.- Lorsqu'un groupement de commandes est composé en majorité de collectivités territoriales ou d'établissements publics locaux autres qu'un établissement public social ou médico-social, il est institué une commission d'appel d'offres composée des membres suivants :
1° Un représentant élu parmi les membres ayant voix délibérative de la commission d'appel d'offres de chaque membre du groupement qui dispose d'une commission d'appel d'offres ;
2° Un représentant pour chacun des autres membres du groupement désigné selon les modalités qui leur sont propres.
La commission d'appel d'offres est présidée par le représentant du coordonnateur du groupement. Pour chaque membre titulaire peut être prévu un suppléant.
II.- La convention constitutive d'un groupement de commandes peut prévoir que la commission d'appel d'offres compétente est celle du coordonnateur du groupement si celui-ci en est doté.
III.- Le président de la commission peut désigner des personnalités compétentes dans la matière qui fait l'objet de la consultation. Celles-ci sont convoquées et peuvent participer, avec voix consultative, aux réunions de la commission d'appel d'offres.
La commission d'appel d'offres peut également être assistée par des agents des membres du groupement, compétents dans la matière qui fait l'objet de la consultation ou en matière de marchés publics.
Le comptable du coordonnateur du groupement, si celui-ci est un comptable public, et un représentant du ministre chargé de la Concurrence peuvent participer, avec voix

consultative, aux réunions de la commission d'appel d'offres, lorsqu'ils y sont invités. Leurs observations sont consignées au procès-verbal. »

RENVOI

Article L.1411-5 du Code général des collectivités territoriales

« I.- Une commission ouvre les plis contenant les candidatures ou les offres et dresse la liste des candidats admis à présenter une offre après examen de leurs garanties professionnelles et financières, de leur respect de l'obligation d'emploi des travailleurs handicapés prévue aux articles L.5212-1 à L.5212-4 du Code du travail et de leur aptitude à assurer la continuité du service public et l'égalité des usagers devant le service public.

Au vu de l'avis de la commission, l'autorité habilitée à signer la convention peut organiser librement une négociation avec un ou plusieurs soumissionnaires dans les conditions prévues par l'article 46 de l'ordonnance du 29 janvier 2016 susmentionnée. Elle saisit l'assemblée délibérante du choix de l'entreprise auquel elle a procédé. Elle lui transmet le rapport de la commission présentant notamment la liste des entreprises admises à présenter une offre et l'analyse des propositions de celles-ci, ainsi que les motifs du choix de la candidate et l'économie générale du contrat.

II.- La commission est composée :

a) Lorsqu'il s'agit d'une région, de la collectivité territoriale de Corse, d'un département, d'une commune de 3 500 habitants et plus et d'un établissement public, par l'autorité habilitée à signer la convention de délégation de service public ou son représentant, président, et par cinq membres de l'assemblée délibérante élus en son sein à la représentation proportionnelle au plus fort reste ;

b) Lorsqu'il s'agit d'une commune de moins de 3 500 habitants, par le maire ou son représentant, président, et par trois membres du conseil municipal élus par le conseil à la représentation proportionnelle au plus fort reste.

Il est procédé, selon les mêmes modalités, à l'élection de suppléants en nombre égal à celui de membres titulaires.

Le quorum est atteint lorsque plus de la moitié des membres ayant voix délibérative sont présents.

Si, après une première convocation, ce quorum n'est pas atteint, la commission est à nouveau convoquée. Elle se réunit alors valablement sans condition de quorum. Lorsqu'ils y sont invités par le président de la commission, le comptable de la collectivité et un représentant du ministre chargé de la Concurrence peuvent participer, avec voix consultative, aux réunions de la commission. Leurs observations sont consignées au procès-verbal.

Peuvent participer à la commission, avec voix consultative, des personnalités ou un ou plusieurs agents de la collectivité territoriale ou de l'établissement public désignés par le président de la commission, en raison de leur compétence dans la matière qui fait l'objet de la délégation de service public. »

VII • L'élection des membres de la commission d'appel d'offres

La commission est composée à titre principal d'élus qui sont les seuls à avoir voix délibérative. Qu'il s'agisse d'une collectivité territoriale ou d'un établissement public, il doit y avoir autant de titulaires que de suppléants désignés.

Pour les collectivités territoriales que sont les communes, les départements et les régions, mais aussi pour les établissements publics et donc l'ensemble de l'intercommunalité notamment, l'élection des titulaires et des suppléants a lieu sur la même liste, sans panachage ni vote préférentiel. Les listes incomplètes sont possibles mais, pour former une liste, il faut au moins deux personnes (un titulaire et un suppléant potentiels).

Bien entendu, le vote a lieu au scrutin secret. En effet, l'élection de la CAO est une vraie élection qui dès lors ressort de la compétence du juge de l'élection.

Cour administrative d'appel de Nantes, M. Bruno Dabin et autres, n° 00NT00233, 1er mars 2001

« Considérant que par son jugement attaqué, le tribunal administratif de Nantes a rejeté la demande de M. Dabin et autres conseillers municipaux de Cholet tendant à l'annulation d'une délibération de cette assemblée fixant la liste de ses membres admis à siéger à la commission communale d'appel d'offres, à celle de délégation de service public et au jury de maîtrise d'œuvre ; que la notification de ce jugement mentionnait que le délai d'appel ouvert à son encontre devant la cour administrative d'appel était de deux mois ; que, par suite, et alors même qu'en vertu des dispositions de l'article R.123 du Code électoral le délai d'appel contre les jugements statuant en matière électorale est d'un mois, la requête présentée par M. Dabin et autres n'est pas tardive ;

Considérant, d'une part, qu'aux termes de l'article 279 du Code des marchés publics, la commission d'appel d'offres est constituée, « lorsqu'il s'agit d'une commune de 3 500 habitants et plus, par le maire, président, ou son représentant, et par cinq membres du conseil municipal élus par le conseil à la représentation proportionnelle au plus fort reste ; (...) l'élection des membres titulaires et des suppléants a lieu sur la même liste, sans panachage ni vote préférentiel. Les listes peuvent comprendre moins de noms qu'il n'y a de sièges de titulaires et de suppléants à pourvoir » ; qu'il résulte des dispositions de l'article 314 ter *du même Code que le jury des concours d'architecture et d'ingénierie est composé dans les conditions fixées à l'article 279 précité et qu'il appartient ainsi au conseil municipal d'en désigner les membres en son sein ; qu'aux termes de l'article L.1411-5 du Code général des collectivités territoriales, la commission chargée d'ouvrir les plis contenant les offres des candidats à la délégation de service public « est composée : a) Lorsqu'il s'agit (...) d'une commune de 3 500 habitants et plus (...), par l'autorité habilitée à signer la convention de délégation de service public ou son représentant, président, et par cinq membres de l'assemblée délibérante élus en son sein à la représentation proportionnelle au plus fort reste » ;*

Considérant, d'autre part, que l'article R.119 du Code électoral est applicable aux protestations dirigées contre l'élection, par le conseil municipal, des membres des commissions et du jury susvisés ;
Considérant qu'il résulte de ce qui précède que le litige susanalysé dont a été saisi le tribunal administratif de Nantes ressortit à la compétence du juge de l'élection et est un litige relatif aux élections municipales au sens de l'article 1er de la loi n° 87-1127 du 31 décembre 1987 portant réforme du contentieux administratif ; que, par suite, il appartient au Conseil d'État d'en connaître ; que, dès lors, en application des dispositions de l'article R.351-2 du Code de justice administrative, il y a lieu de renvoyer au Conseil d'État la requête présentée par MM. Dabin, Magnon, Tanty, Godec et Poyer ;
Décide :
Article 1er : La requête n° 00NT00233 est renvoyée au Conseil d'État. »

Le suppléant est le suppléant d'une liste et non d'une personne ou de la commission.
Aucune nouvelle élection des membres de la commission d'appel d'offres n'a lieu tant qu'un suppléant peut remplacer un titulaire.
Exemple : Si une liste de 10 personnes (5 titulaires et 5 suppléants potentiels) a 4 élus titulaires, le cinquième de la liste devient le suppléant d'un des titulaires défaillants de sa liste. S'il ne peut suppléer ou si deux titulaires sont défaillants, le sixième sur la liste supplée, etc.

VIII • Offre anormalement basse

Dans le cas où la commission d'appel d'offres considérerait une ou plusieurs offres comme étant anormalement basses, elle doit surseoir à statuer et demander à l'entreprise ou aux entreprises des explications avant de procéder au classement et au choix du « mieux-disant ».

Dans la pratique, ce n'est pas la commission elle-même qui détecte les offres anormalement basses mais les personnes chargées de l'analyse. Un courrier est alors préparé, le plus souvent à la signature de l'exécutif, pour demander aux entreprises les justifications de leur offre au niveau du prix. Dans ces conditions, lorsque la commission se réunit, elle a tous les éléments à sa disposition pour décider.

Les textes précisent quelles sont les explications qui devront être prises en compte pour justifier du caractère anormal de l'offre, soit :
- 1° les modes de fabrication des produits, les modalités de la prestation des services, les procédés de construction ;

- 2° les solutions techniques adoptées ou les conditions exceptionnellement favorables dont dispose le candidat pour exécuter les travaux, pour fournir les produits ou pour réaliser les prestations de services ;
- 3° l'originalité de l'offre ;
- 4° les dispositions relatives aux conditions de travail en vigueur là où la prestation est réalisée ;
- 5° l'obtention éventuelle d'une aide d'État par le candidat.

La commission d'appel d'offres ne peut donc rejeter une offre anormalement basse qu'après avoir pris en considération les précisions demandées : c'est uniquement dans le cas où les explications, apportées par l'entreprise sur le contenu de son offre, ne permettraient pas de justifier le caractère « bas » de celle-ci que la commission d'appel d'offres pourra rejeter l'offre par une décision motivée.

Article 53 de l'ordonnance n° 2015-899 du 23 juillet 2015 relative aux marchés publics

« Lorsqu'une offre semble anormalement basse, l'acheteur exige que l'opérateur économique fournisse des précisions et justifications sur le montant de son offre.
Si, après vérification des justifications fournies par l'opérateur économique, l'acheteur établit que l'offre est anormalement basse, il la rejette dans des conditions fixées par voie réglementaire. »

Article 60 du décret n° 2016-360 du 25 mars 2016 relatif aux marchés publics

« I.- L'acheteur exige que le soumissionnaire justifie le prix ou les coûts proposés dans son offre lorsque celle-ci semble anormalement basse eu égard aux travaux, fournitures ou services, y compris pour la part du marché public qu'il envisage de sous-traiter.
Peuvent être prises en considération des justifications tenant notamment aux aspects suivants :
1° Le mode de fabrication des produits, les modalités de la prestation des services, le procédé de construction ;
2° Les solutions techniques adoptées ou les conditions exceptionnellement favorables dont dispose le soumissionnaire pour fournir les produits ou les services ou pour exécuter les travaux ;
3° L'originalité de l'offre ;
4° La réglementation applicable en matière environnementale, sociale et du travail en vigueur sur le lieu d'exécution des prestations ;
5° L'obtention éventuelle d'une aide d'État par le soumissionnaire.
II.- L'acheteur rejette l'offre :
1° Lorsque les éléments fournis par le soumissionnaire ne justifient pas de manière satisfaisante le bas niveau du prix ou des coûts proposés ;
2° Lorsqu'il établit que celle-ci est anormalement basse parce qu'elle contrevient aux obligations applicables dans les domaines du droit de l'environnement, social et du travail établies par le droit français, le droit de l'Union européenne, la ou les conven-

tions collectives ou par les dispositions internationales en matière de droit de l'environnement, social et du travail figurant sur une liste publiée au Journal officiel de la République française.
III.- L'acheteur qui constate qu'une offre est anormalement basse du fait de l'obtention d'une aide d'État par le soumissionnaire ne peut rejeter cette offre pour ce seul motif que s'il consulte le soumissionnaire et que celui-ci n'est pas en mesure de démontrer, dans un délai suffisant fixé par l'acheteur, que l'aide en question était compatible avec le marché intérieur au sens de l'article 107 du traité sur le fonctionnement de l'Union européenne.
L'acheteur qui rejette une offre dans ces conditions en informe la Commission européenne. »

Phase 8

Mise au point du marché

La mise au point du marché n'est pas spécifique à l'appel d'offres restreint. Elle est prévue pour toutes les procédures par l'article 64 du décret n° 2016-360 du 25 mars 2016 relatif aux marchés publics.

Il est donc possible, obligatoirement en accord avec le soumissionnaire retenu, de procéder à une mise au point des composantes du marché public avant sa signature.

Cependant, le texte précise que cette mise au point ne peut avoir pour effet de modifier des caractéristiques substantielles de l'offre ou du marché public dont la variation est susceptible de fausser la concurrence ou d'avoir un effet discriminatoire.

La mise au point, prévue par les textes, peut porter sur deux points :
- preuve du respect des obligations sociales et fiscales ;
- mise au point des pièces contractuelles.

I • Preuve du droit à soumissionner

Une fois que la commission d'appel d'offres a procédé au classement et au choix de l'offre économiquement la plus avantageuse, l'administration procédera à la mise au point avec l'entreprise choisie. Lors de cette mise au point, l'entreprise provisoirement choisie par la commission d'appel d'offres devra éventuellement apporter la preuve qu'elle est bien en règle avec ses obligations fiscales et sociales.

Article 60 du décret n° 2016-360 du 25 mars 2016 relatif aux marchés publics

« (...) II.- L'acheteur vérifie les informations qui figurent dans la candidature, y compris en ce qui concerne les opérateurs économiques sur les capacités desquels le candidat s'appuie. Cette vérification est effectuée dans les conditions suivantes :
(...) 2° L'acheteur ne peut exiger que du seul candidat auquel il est envisagé d'attribuer le marché public qu'il justifie ne pas être dans un cas d'interdiction de soumissionner ; »

Il faut relever que le texte permet :
- soit de demander la preuve que le candidat n'est pas dans l'un des cas d'interdiction de soumissionner dès le lancement de la procédure ;
- soit de demander cette preuve en fin de procédure, et au seul candidat dont l'offre a été classée en première position.

Ce n'est bien sûr que si cette seconde solution a été choisie qu'il sera nécessaire d'effectuer une mise au point avec le candidat en exigeant de lui cette preuve.

II • Mise au point des pièces contractuelles

Après vérification des obligations « fiscales et sociales » de l'entreprise, l'administration peut éventuellement effectuer une mise au point des documents contractuels. À notre sens, cette mise au point peut porter :
- soit sur l'intégration de variantes retenues par l'administration dans le contrat définitif ;
- soit sur la correction d'une erreur matérielle.

En aucun cas cette possibilité de mise au point du contrat ne peut s'apparenter à une négociation. Ainsi, lors de la mise au point d'un marché de travaux à prix unitaires, certains donneurs d'ordres demandent à l'entreprise retenue de « revoir » certains prix unitaires qui lui paraissent trop importants. Cette pratique est illégale car modifier des prix unitaires s'apparente à une négociation et non à une mise au point.

Phase 9

Les formalités après le choix

Après le choix, l'administration doit informer les entreprises évincées. Elle doit se demander qui a le pouvoir d'attribuer le marché et rendre toutes ses décisions exécutoires.
Par ailleurs, la transmission du marché au contrôle de la légalité est formalisée pour les collectivités locales.

I • L'information des entreprises évincées

Les textes imposent à l'administration d'informer les entreprises évincées. L'acheteur doit aussi laisser un délai entre l'information des entreprises et la signature du marché.
L'obligation d'informer les entreprises évincées est rappelée comme un principe par l'article 55 de l'ordonnance n° 2015-899 du 23 juillet 2015 relative aux marchés publics. Elle est précisée par un article de son décret d'application.

Le principe arrêté par les textes est qu'une entreprise doit être informée dès que l'acheteur a décidé soit de la rejeter au niveau de la candidature, soit de considérer que son offre n'est pas recevable, soit encore lorsque l'offre n'est pas classée en première position.
Cette obligation est un peu différente des pratiques les plus courantes qui consistent à attendre la fin de la procédure pour informer toutes les entreprises. Une entreprise doit être informée de la décision qui la concerne dès que cette dernière est prise.

L'administration devra donc sauf exception :
- faire une première information aux candidats évincés ;
- faire ensuite une seconde information aux candidats sélectionnés dont l'offre n'est pas retenue.

Pour ce qui est de l'information, deux cas doivent être distingués :
- le cas où, au moment de l'information, la commission d'appel d'offres n'a pas encore classé les offres ;
- le cas où, au contraire, au moment de l'information, les offres ont été classées.

Dans le premier cas, l'acheteur a uniquement à indiquer les motifs de la décision. Par exemple, indiquer à une entreprise que sa candidature a été écartée au motif qu'elle n'apportait pas la preuve de ses capacités techniques.

Dans le second cas, dans les faits, pour l'information des entreprises dont l'offre n'a pas été classée en première position, l'acheteur doit aussi indiquer les motifs du rejet et donc des éléments sur le classement. Il doit aussi indiquer le nom de l'attributaire et les raisons de son choix. L'acheteur doit aussi indiquer dans ce cas à quelle date il compte signer le marché.

Article 55 de l'ordonnance n° 2015-899 du 23 juillet 2015 relative aux marchés publics

« Le choix des acheteurs à l'issue de la procédure de passation est communiqué aux candidats et aux soumissionnaires dont la candidature ou l'offre n'a pas été retenue. »

Article 99 du décret n° 2016-360 du 25 mars 2016 relatif aux marchés publics

« (...) II.- Pour les marchés publics passés selon une procédure formalisée, l'acheteur, dès qu'il décide de rejeter une candidature ou une offre, notifie à chaque candidat ou soumissionnaire concerné le rejet de sa candidature ou de son offre en lui indiquant les motifs de ce rejet.

Lorsque cette notification intervient après l'attribution du marché public, elle précise, en outre, le nom de l'attributaire et les motifs qui ont conduit au choix de son offre. Elle mentionne également la date à compter de laquelle l'acheteur est susceptible de signer le marché public dans le respect des dispositions du I de l'article 101.

À la demande de tout soumissionnaire ayant fait une offre qui n'a pas été rejetée au motif qu'elle était irrégulière, inacceptable ou inappropriée, l'acheteur communique dans les meilleurs délais et au plus tard quinze jours à compter de la réception de cette demande :

1° Lorsque les négociations ou le dialogue ne sont pas encore achevés, les informations relatives au déroulement et à l'avancement des négociations ou du dialogue ;

2° Lorsque le marché public a été attribué, les caractéristiques et les avantages de l'offre retenue. »

Pour ce qui est des délais de signature, comme dans le droit antérieur, l'administration doit laisser un délai minimum de 11 jours entre la date où elle a transmis sa décision et la signature effective.

Toutefois, lorsque la décision d'évincer une entreprise n'a pas été effectuée par voie électronique, ce délai est porté à 16 jours.

Article 101 du décret n° 2016-360 du 25 mars 2016 relatif aux marchés publics

« I.- Pour les marchés publics passés selon une procédure formalisée, un délai minimal de onze jours est respecté entre la date d'envoi de la notification prévue au deuxième alinéa du II de l'article 99 et la date de signature du marché public par l'acheteur. Ce délai minimal est porté à seize jours lorsque cette notification n'a pas été transmise par voie électronique.

II.- Le respect du délai mentionné au I n'est pas exigé :

1° Lorsque le marché public est attribué au seul opérateur ayant participé à la consultation ;

2° Pour l'attribution des marchés subséquents, fondés sur un accord-cadre, ou des marchés spécifiques fondés sur un système d'acquisition dynamique. »

II • L'attribution du marché

Une fois l'information des entreprises évincées effectuée, il est nécessaire de décider de signer le marché public, d'effectuer cette signature et de le rendre exécutoire. Il s'agit de trois formalités distinctes.

1 - Pour ce qui est de la signature du marché, il faut bien entendu se poser la question de l'entité qui a le pouvoir de conclure un marché.

Pour les marchés de l'État et de ses établissements publics, le principe est que la personne qui décide de conclure doit avoir une délégation de signature.

Pour les collectivités locales, le principe est que le pouvoir de conclure un marché appartient à l'organe délibérant de la collectivité.
C'est cet organe qui devra autoriser l'autorité exécutive à signer le marché. La délibération devra être transmise au contrôle de légalité et publiée pour devenir exécutoire.

Depuis une ordonnance n° 2005-645 du 6 juin 2005 relative aux procédures de passation des marchés publics des collectivités territoriales en date du 6 août 2005, la délibération de l'assemblée délibérante chargeant l'exécutif de souscrire un marché déterminé peut être prise avant l'engagement de la procédure de passation de ce marché. Elle comporte alors obligatoirement la définition de l'étendue du besoin à satisfaire et le montant prévisionnel du marché.

L'assemblée délibérante peut aussi à tout moment décider que la signature du marché ne pourra intervenir qu'après une nouvelle délibération, une fois connus l'identité de l'attributaire et le montant du marché.

Si l'assemblée délibérante a sans contestation possible le pouvoir de conclure les marchés, elle peut déléguer ce pouvoir à son exécutif.
Ainsi, l'article L.2122-22 du Code général des collectivités territoriales prévoit que le maire peut être chargé « 4° *De prendre toute décision concernant la préparation, la passation, l'exécution et le règlement des marchés et des accords-cadres ainsi que toute décision concernant leurs avenants, lorsque les crédits sont inscrits au budget* ». On doit relever que le texte ne prévoit plus aucun seuil et qu'il n'est donc jamais obligatoire de réunir l'assemblée délibérante pour conclure le marché si un tel pouvoir a été délégué au maire.

Des modifications similaires ont été apportées aux articles L.3221-11 et L.4231-8 pour respectivement les départements et les régions.
À notre sens, les collectivités territoriales ont aujourd'hui trois solutions :
- ne déléguer aucun pouvoir à l'exécutif en matière de conclusion des marchés publics ;
- tout au contraire, déléguer à l'exécutif le pouvoir de conclure tout marché public quel que soit son montant ;
- enfin déléguer un pouvoir « partiel » en limitant dans leur montant les marchés qui pourront être conclus sans réunir préalablement l'assemblée délibérante.

2 - La décision de conclure le marché doit être transmise au contrôle de la légalité.

Personne ne doute que la délibération autorisant la signature doit être transmise au contrôle de légalité et publiée pour devenir exécutoire. En revanche, il existe un « grand flou » lorsque la décision n'est pas prise par l'assemblée mais par l'exécutif sur le fondement de sa délégation.

À notre sens, une telle décision de l'exécutif doit être, comme la délibération qu'elle remplace, transmise au contrôle de la légalité et publiée, tout au moins pour les communes et les établissements publics locaux relevant du droit communal. En effet, l'article L.2131-2 du Code général des collectivités territoriales dispose que sont soumises aux dispositions de l'article L.2131-1, article faisant dépendre le caractère exécutoire d'un acte à sa transmission au contrôle de la légalité et à sa publication, les délibérations du conseil municipal ou les décisions prises par délégation du conseil municipal en application de l'article L.2122-22.

En revanche, pour les départements et régions, les actes pris par délégation de l'assemblée délibérante ne sont pas visés au titre des actes qui doivent être soumis au contrôle de la légalité. En revanche, ces décisions doivent être publiées.

3 - Après l'accomplissement des formalités précédentes, et seulement après, l'exécutif de la collectivité signe le marché et le transmet au contrôle de la légalité pour les collectivités locales.

Plusieurs précisions doivent être apportées.

En premier lieu, l'obligation de transmission au contrôle de la légalité ne concerne que les marchés supérieurs au seuil européen des marchés de services et fournitures. En effet, et en prenant l'exemple des communes, l'article L.2131-2 du Code général des collectivités territoriales précise que doivent être transmises au contrôle de la légalité les conventions relatives aux marchés et aux accords-cadres, à l'exception des conventions relatives à des marchés et à des accords-cadres d'un montant inférieur à un seuil défini par décret.

L'article D.2131-5-1 du Code général des collectivités territoriales précise quant à lui que : « *Le seuil mentionné aux articles L.2131-2, L.3131-2 et L.4141-2 est fixé à 209 000 € HT.* »

Il peut exister un petit doute sur les marchés à transmettre suivant que l'on prenne en compte la lettre ou l'esprit des textes.
À la lettre, trois marchés respectivement de 150 000, 180 000 et 190 000 euros faisant partie d'une même opération n'ont pas à être transmis puisque chacun d'eux fait moins que le seuil visé.

Dans l'esprit de textes, il nous semble que de tels marchés doivent être transmis.

En second lieu, et pour ce qui est de la signature, deux solutions sont possibles :
- la signature manuscrite traditionnelle ;
- la signature électronique.

Article 102 du décret n° 2016-360 du 25 mars 2016 relatif aux marchés publics

« *Le marché public peut être signé électroniquement, selon les modalités fixées par un arrêté du ministre chargé de l'Économie.* »

Lorsque le marché doit être transmis au contrôle de la légalité, il doit impérativement être accompagné d'un certain nombre de documents, et notamment un rapport de présentation établi par l'administration.

Il faut bien distinguer :
- les pièces à transmettre qui sont définies par l'article R.2131-5 du Code général des collectivités territoriales. Ces pièces sont à transmettre dès que le marché a un montant supérieur au seuil européen des marchés de fournitures et services ;
- le rapport de présentation défini par l'article 105 du décret n° 2016-360 du 25 mars 2016 relatif aux marchés publics qui n'est que l'une des pièces à transmettre. Par ailleurs, ce rapport n'est obligatoire qu'au delà des seuils européens.

On doit relever la difficulté tirée du fait :
- que les pièces à transmettre sont obligatoires dès que le marché est supérieur ou égal à 209 000 euros ;
- que le rapport de présentation n'est obligatoire qu'au delà des seuils européens et donc uniquement au delà de 5 225 000 euros.

Le dossier à transmettre au contrôle de la légalité doit contenir certaines pièces listées par l'article R.2131-5 du Code général des collectivités territoriales. Dans le cadre d'un appel d'offres, l'administration doit transmettre :
- la copie des pièces constitutives du marché, à l'exception des plans ;
- la délibération autorisant le représentant légal de la commune ou de l'établissement à passer le marché ;
- la copie de l'avis d'appel à la concurrence ;
- le règlement de la consultation, mais uniquement si celui-ci figure parmi les documents de consultation ;
- le ou les procès-verbaux et rapports de la commission d'appel d'offres avec les noms et qualités des personnes qui y ont siégé, ainsi que le rapport de présentation de l'acheteur prévu par l'article 105 du décret n° 2016-360 du 25 mars 2016 relatif aux marchés publics ;
- les renseignements, attestations et déclarations fournis en vertu des articles 50 et 51 du décret n° 2016-360 du 25 mars 2016 relatif aux marchés publics.

Dans les pièces à transmettre, est donc cité le rapport de présentation qui doit comprendre :
- de manière systématique :
  * le nom et l'adresse du pouvoir adjudicateur, l'objet et la valeur du marché ;
  * le nom du ou des candidats retenus et la justification de ce choix ;
  * le nom des candidats et soumissionnaires exclus et les motifs de leur rejet, même si les offres ont été jugées anormalement basses ;

* le nom du titulaire et la justification du choix de son offre, ainsi que, si elle est connue, la part du marché ou de l'accord-cadre que le titulaire a l'intention de sous-traiter à des tiers ;

- éventuellement :
  * les motifs pour lesquels le pouvoir adjudicateur n'a pas alloti le marché public, s'il ne les a pas indiqués dans les documents de la consultation ;
  * les raisons pour lesquelles un chiffre d'affaires annuel minimal supérieur au plafond fixé par les textes a été exigé, si celles-ci n'ont pas été indiquées dans les documents de la consultation ;
  * les raisons pour lesquelles le pouvoir adjudicateur a sollicité l'utilisation de moyens de communication autres que les moyens électroniques pour la transmission des offres ;
  * la description des mesures appropriées prises par le pouvoir adjudicateur pour s'assurer que la concurrence n'a pas été faussée par des études et échanges préalables avec des opérateurs économiques ou par la participation d'un opérateur économique à la préparation du marché public ;
  * les conflits d'intérêts décelés et les mesures prises en conséquence.

Article R.2131-5 du Code général des collectivités territoriales

« La transmission au préfet ou au sous-préfet des marchés des communes et de leurs établissements publics autres que les établissements publics de santé comporte les pièces suivantes :

1° La copie des pièces constitutives du marché, à l'exception des plans ;

2° La délibération autorisant le représentant légal de la commune ou de l'établissement à passer le marché ;

3° La copie de l'avis d'appel à la concurrence et de l'invitation des candidats sélectionnés ;

4° Le règlement de la consultation, si celui-ci figure parmi les documents de consultation ;

5° Les procès-verbaux et rapports de la commission d'appel d'offres et les avis du jury de concours, avec les noms et qualités des personnes qui y ont siégé, ainsi que le rapport de présentation de l'acheteur prévu par l'article 105 du décret n° 2016-360 du 25 mars 2016 relatif aux marchés publics ou les informations prévues par l'article 106 de ce décret ;

6° Les renseignements, attestations et déclarations fournis en vertu des articles 50 et 51 du décret n° 2016-360 du 25 mars 2016 relatif aux marchés publics. »

Article 105 du décret n° 2016-360 du 25 mars 2016 relatif aux marchés publics

« I.- Pour les marchés publics et les systèmes d'acquisition dynamiques répondant à un besoin dont la valeur est égale ou supérieure aux seuils européens publiés au Journal officiel de la République française, *le pouvoir adjudicateur établit un rapport de présentation de la procédure de passation comportant au moins les éléments suivants :*

1° Le nom et l'adresse du pouvoir adjudicateur, l'objet et la valeur du marché public ou du système d'acquisition dynamique ;

2° Le nom des candidats exclus et les motifs du rejet de leur candidature ;

3° Le nom des candidats sélectionnés et les motifs de ce choix ;

4° Le nom des soumissionnaires dont l'offre a été rejetée et les motifs de ce rejet y compris, le cas échéant, les raisons qui ont amené l'acheteur à la juger anormalement basse ;
5° Le nom du titulaire et les motifs du choix de son offre, ainsi que, si ces informations sont connues, la part du marché public que le titulaire a l'intention de sous-traiter à des tiers et le nom des sous-traitants.
II.- Le cas échéant, le rapport de présentation comporte également les éléments suivants :
1° Les motifs de la passation d'un marché public négocié sans publicité ni mise en concurrence préalables ou du recours à la procédure concurrentielle avec négociation ou au dialogue compétitif ;
2° Les motifs pour lesquels le pouvoir adjudicateur n'a pas alloti le marché public, s'il ne les a pas indiqués dans les documents de la consultation ;
3° Les raisons pour lesquelles un chiffre d'affaires annuel minimal supérieur au plafond fixé au III de l'article 44 a été exigé, si celles-ci n'ont pas été indiquées dans les documents de la consultation ;
4° Les raisons pour lesquelles le pouvoir adjudicateur a sollicité l'utilisation de moyens de communication autres que les moyens électroniques pour la transmission des offres ;
5° La description des mesures appropriées prises par le pouvoir adjudicateur pour s'assurer que la concurrence n'a pas été faussée par des études et échanges préalables avec des opérateurs économiques ou par la participation d'un opérateur économique à la préparation du marché public en application des articles 4 et 5 ;
6° Les conflits d'intérêts décelés et les mesures prises en conséquence ;
7° Les raisons pour lesquelles le pouvoir adjudicateur a renoncé à passer un marché public ou à mettre en place un système d'acquisition dynamique.
III.- Dans la mesure où l'avis d'attribution contient les informations exigées aux I et II, le pouvoir adjudicateur peut renvoyer, dans le rapport de présentation, à cet avis. L'établissement de ce rapport n'est pas exigé pour les marchés subséquents fondés sur un accord-cadre lorsque ceux-ci sont conclus sans remise en concurrence.
Le rapport de présentation ou ses principaux éléments sont communiqués à la Commission européenne à sa demande et, le cas échéant, aux autorités chargées du contrôle des marchés publics en même temps que les documents contractuels. »

III • La notification

Une fois que la décision de conclure le marché ou l'accord-cadre a été prise et que cette décision a été rendue exécutoire, une fois aussi que le marché a été signé est rendu lui-même exécutoire, le marché est notifié à son titulaire conformément à l'article 103 du décret n° 2016-360 du 25 mars 2016 relatif aux marchés publics.

Pour les marchés passés selon une procédure d'appel d'offres restreint, la notification consiste en un envoi, avant tout commencement d'exécution, d'une copie du marché signé au titulaire. La date de notification est la date de réception du marché par le titulaire.

La notification peut être effectuée par LRAR, remise contre récépissé, ou par tout moyen permettant de donner date certaine à l'envoi.
La date de notification est la date de réception du marché par son titulaire, c'est-à-dire celle de l'avis de réception postale ou du récépissé et non la date d'envoi.

La notification conditionne le commencement d'exécution des prestations puisque le marché prend effet à cette date. L'entreprise ne peut commencer à travailler avant celle-ci.

Il nous semble que, au regard de l'obligation de transmission électronique des documents définie sous l'article 41 du décret n° 2016-360 du 25 mars 2016 relatif aux marchés publics qui dispose que « *toutes les communications et tous les échanges d'informations sont effectués par des moyens de communication électronique lorsqu'une consultation est engagée ou un avis d'appel à la concurrence envoyé à la publication à compter du 1er avril 2017 pour les centrales d'achat et du 1er octobre 2018 pour les autres acheteurs* », il pourrait être soutenu que la notification électronique du marché, et donc la signature électronique, vont devenir obligatoires, mais ce n'est qu'une interprétation du texte.

En revanche, il ne fait pas de doute que les administrations, pour des raisons de coût, de délais et de temps auraient plus qu'intérêt à se mettre rapidement à la signature et à la notification électronique.

Article 103 du décret n° 2016-360 du 25 mars 2016 relatif aux marchés publics

« *Le marché public est notifié au titulaire.*
Il prend effet à la date de réception de la notification.
Sous réserve du respect des dispositions du Code général des collectivités territoriales relatives au contrôle de légalité, les marchés publics des collectivités territoriales, de leurs groupements et de leurs établissements publics prennent effet à cette date. »

La notification a en droit trois conséquences :

1. Ce n'est qu'à compter de cette notification que le marché est exécutoire et il ne devrait donc pas y avoir de début d'exécution avant la notification.
2. Ce n'est qu'à compter de la notification qu'il existe un contrat entre les parties. Avant la notification, l'opérateur économique dont l'offre a été classée en première position est engagé unilatéralement envers l'acheteur (pendant le délai de validité de son offre), mais l'acheteur n'a pas d'obligation contractuelle envers l'entreprise. Au contraire, dès la notification du marché, le contrat est parfait entre les deux parties.
3. Jusqu'à la notification, l'acheteur peut décider de déclarer l'appel d'offres sans suite pour des raisons d'intérêt général qu'il doit justifier rapidement auprès des entreprises, et notamment de l'entreprise qui avait vocation à devenir titulaire lorsque cette décision est prise en toute fin de procédure.

Il nous semble que les acheteurs abusent quelquefois de la possibilité qui leur est donnée de déclarer sans suite. La motivation n'est pas toujours d'intérêt général mais peut cacher des erreurs de l'administration qui ont fait perdre des centaines d'heures aux entreprises qui ont pris la peine de répondre.

Il est vrai que de telles décisions encourent la censure du juge lorsqu'elles lui sont déférées. Ainsi, une cour administrative a considéré que la « déclaration sans suite » tirée de ce que les besoins des services avaient été sous-évalués et qu'elle entendait relancer une nouvelle procédure en adéquation avec ses besoins réels n'était pas d'intérêt général (Cour administrative d'appel de Nantes, n° 14NT01374, 2 février 2016).

Article 98 du décret n° 2016-360 du 25 mars 2016 relatif aux marchés publics

« À tout moment, la procédure peut être déclarée sans suite. Dans ce cas, l'acheteur communique aux opérateurs économiques ayant participé à la procédure, dans les plus brefs délais, les raisons pour lesquelles il a décidé de ne pas attribuer le marché public ou de recommencer la procédure. »

IV • La transmission des pièces du marché après sa notification

Les pièces d'un marché public, après leur notification, sont des documents administratifs au sens des dispositions de l'article 1er de la loi du 17 juillet 1978. L'ensemble des documents constitutifs d'un marché sont donc communicables.

Toutefois, la loi elle-même édicte un certain nombre d'exceptions au principe de la communicabilité des pièces d'un marché. Ainsi, les renseignements contenus dans les documents dont il est demandé la communication peuvent, en affectant la concurrence entre les opérateurs économiques, porter atteinte au secret industriel et commercial et faire ainsi obstacle à cette communication en application des dispositions du II de l'article 6 de la loi du 17 juillet 1978.

Il nous semble ainsi que le mémoire technique n'est pas communicable.

La position de la jurisprudence est un peu plus flottante pour les bordereaux de prix. Pour le juge administratif, si notamment l'acte d'engagement, le prix global de l'offre et les prestations proposées par l'entreprise attributaire sont en principe communicables, le bordereau unitaire de prix de l'entreprise attributaire, en ce qu'il reflète la stratégie commerciale de l'entreprise opérant dans un secteur d'activité, est susceptible de porter atteinte au secret commercial ; il n'est donc pas, en principe, communicable. Ainsi, la Haute Juridiction a considéré que la communication du prix détaillé de l'offre de l'attributaire d'un marché dans le secteur des assurances, qui relève de la stratégie commerciale de l'assureur et peut en révéler les principaux aspects, est susceptible de porter atteinte au secret commercial (Conseil d'État, n° 375529, 30 mars 2016).

V • La publication de l'avis d'attribution

Aux termes de l'article 104 du décret n° 2016-360 du 25 mars 2016 relatif aux marchés publics, il appartient à l'administration d'envoyer à la publication, dans un délai de 30 jours à compter de la signature du marché, un avis d'attribution.

Il est nécessaire de faire publier l'avis dans le *BOAMP* et le *JOUE*.
Les mentions minimums de cet avis sont précisées dans un formulaire fixé par le règlement de la Commission européenne.

On peut relever que les textes permettent dans certaines circonstances de ne pas indiquer l'ensemble des éléments prévus par le modèle.

On peut aussi relever que l'avis d'attribution n'est jamais obligatoire pour les marchés subséquents à un accord-cadre.

Il faut enfin relever le délai assez court laissé aux acheteurs pour faire paraître l'avis. Il est vrai que le manquement à cette obligation de faire paraître un avis d'attribution n'est pas vraiment sanctionné de manière pratique. Cette absence de « sanction réelle » explique peut-être pourquoi cette obligation semble largement méconnue dans la pratique, surtout que la publicité a un coût.

Article 104 du décret n° 2016-360 du 25 mars 2016 relatif aux marchés publics

« *I.- Pour les marchés publics répondant à un besoin d'un montant égal ou supérieur aux seuils européens publiés au* Journal officiel de la République française, *l'acheteur envoie pour publication, dans un délai maximal de trente jours à compter de la signature du marché public, un avis d'attribution dans les conditions suivantes :*
1° Pour l'État, ses établissements publics autres qu'à caractère industriel et commercial, les collectivités territoriales, leurs établissements publics et leurs groupements, l'avis est publié dans le Bulletin officiel des annonces des marchés publics *et au* Journal officiel de l'Union européenne *;*
2° Pour les autres acheteurs, l'avis est publié au Journal officiel de l'Union européenne.
L'avis est établi conformément au modèle fixé par le règlement de la Commission européenne établissant les formulaires standard pour la publication d'avis dans le cadre de la passation de marchés publics.
(...) III.- Pour les marchés subséquents, fondés sur un accord-cadre, l'acheteur est dispensé d'envoyer un avis d'attribution.
(...) IV.- Dans les conditions fixées par l'article 44 de l'ordonnance du 23 juillet 2015 susvisée, certaines informations sur la passation du marché public peuvent ne pas être publiées au cas où leur divulgation ferait obstacle à l'application des lois, serait contraire à l'intérêt public, porterait préjudice aux intérêts commerciaux légitimes d'un opérateur économique en particulier, public ou privé, ou pourrait nuire à une concurrence loyale entre les opérateurs économiques. »

VI • Publication permanente du choix

On ne peut que saluer une nouvelle obligation de transparence donnée aux acheteurs publics, à savoir publier et laisser en ligne les données essentielles d'un marché public conclu.
Le principe est arrêté par l'ordonnance.

Le décret d'application précise quant à lui :
- que l'obligation deviendra réelle à compter du 1er octobre 2018 ;
- que l'obligation est de donner un accès libre, direct et complet aux données essentielles d'un marché public sur le profil acheteur ;
- que cette « mise en ligne » devra s'effectuer au plus tard 2 mois après la notification du marché ;
- que cette « mise en ligne » comprend au minimum :
  * l'identification de l'acheteur ;
  * la nature et l'objet du marché public ;
  * la procédure de passation utilisée ;
  * le lieu principal d'exécution des services ou travaux faisant l'objet du marché public ;
  * la durée du marché ;
  * le montant et les principales conditions financières du marché ;
  * l'identification du titulaire ;
  * la date de signature du marché public par l'acheteur ;
  * les données relatives à chaque modification apportée au marché public.

Il nous semble qu'il s'agit là d'une véritable révolution pour les acheteurs mais aussi pour les entreprises. Ces dernières pourront notamment :
- vérifier qui est leur « concurrent direct » pour la future mise en concurrence ;
- vérifier quel est le montant du marché précédent, ce qui est un atout pour pouvoir répondre ;
- vérifier que le concurrent, par des modifications successives de son marché, n'a pas été finalement avantagé par la suite...

Article 56 de l'ordonnance n° 2015-899 du 23 juillet 2015 relative aux marchés publics

« Dans des conditions fixées par voie réglementaire, les acheteurs rendent public le choix de l'offre retenue et rendent accessibles sous un format ouvert et librement réutilisable les données essentielles du marché public sous réserve des dispositions de l'article 44. »

Article 107 du décret n° 2016-360 du 25 mars 2016 relatif aux marchés publics

« I.- Au plus tard le 1er octobre 2018, l'acheteur offre, sur son profil d'acheteur, un accès libre, direct et complet aux données essentielles de ce marché public, à l'exception des informations dont la divulgation serait contraire à l'ordre public.

Ces données comprennent les informations suivantes :

1° Au plus tard deux mois à compter de la date de notification définie à l'article 103, le numéro d'identification unique attribué au marché public et les données relatives à son attribution :

a) L'identification de l'acheteur ;

b) La nature et l'objet du marché public ;

c) La procédure de passation utilisée ;

d) Le lieu principal d'exécution des services ou travaux faisant l'objet du marché public ;

e) La durée du marché public ;

f) Le montant et les principales conditions financières du marché public ;

g) L'identification du titulaire ;

h) La date de signature du marché public par l'acheteur ;

2° Les données relatives à chaque modification apportée au marché public :

a) L'objet de la modification ;

b) Les incidences de la modification sur la durée ou le montant du marché public ;

c) La date de signature par l'acheteur de la modification du marché public.

II.- Les données essentielles du marché public sont publiées selon des modalités fixées par arrêté du ministre chargé de l'Économie. »